몸 경영

몸 경영
펴낸날 / 2022년 9월 8일 2쇄 **지은이** / 박명복 **펴낸이** / (사) 한국기능성의류 및 체형관리협회
펴낸곳 / THE바른체형연구소 **출판등록** / 2020. 5. 21. 제 2020-000057호
주소 / 서울시 강서구 공항대로 58길 10 5층 **전화번호** / 02-2088-4773
copyright ⓒ THE바른체형연구소

· 이 책은 저작권법에 따라 보호받는 저작물이므로 책의 내용을 무단으로 인용하거나 발췌를 금지하며, 이 책의 내용 중 전부 또는 일부를 이용하려면 도서출판 THE바른체형연구소의 서면동의를 받아야 합니다.
· 잘못된 책은 서점에서 바꾸어 드립니다.

몸 경영

내 몸이 경쟁력이다

속옷디자이너 **박 명 복** 지음

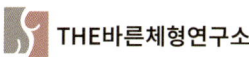
THE바른체형연구소

'몸 경영'을 시작하며

2004년 가을의 어느 날…

전화가 한 통 걸려 왔습니다.

" 영부인께서 직접 뵙길 원하십니다. "

『성공을 부르는 몸매 이야기』란 필자의 책을 보시고 당시 영부인이셨던 권양숙 여사께서 연락을 주신 것이었습니다. 유럽 순방을 앞두고 의상을 점검하던 중에 필자가 만든 속옷에 관심을 갖게 되었다고 하셨습니다. 대한민국 국민의 한 사람으로 영광스럽고 감사한 마음에 정성을 다해 속옷을 지어 드렸던 그 감격스러운 사건 이후 어언 20년 가까운 세월이 흘렀습니다.

이런 감동의 순간을 가능케 한 책이 바로 2004년 여름 출간된 『성공을 부르는 몸매 이야기』입니다.

이 책은 사업이 어려워져 파산을 하고 재기를 다지며 하루하루 치열하게 살아가던 무렵 쓴 책입니다. 아무것도 보이지 않는 캄캄한 터널을 맨발로 걷고 있는 것만 같았던 그 때, 1%의 희망을 밑천 삼아, 스스로를 격려하기 위해 펜을 들었습니다. 지나온 인생의 궤적을 돌아보고, 배움의 흔적을 하나씩 들추어가며 한 줄 한 줄 써내려갔던 아프지만 치열한 기록의 결과물이 바로 『성공을 부르는 몸매 이야기』였던 것입니다.

제게 여러모로 큰 의미가 있는 이 책을 시대에 맞게 다시 만들 생각을 하게 된 것은 코로나 팬데믹을 겪으면서였습니다.

누구도 겪어 보지 못한 불안과 혼돈의 시기 속에서 사람들은 저마다의 출구를 찾느라 바빠 보였습니다. 바깥 활동을 못하게 되면서 집에서 할 수 있는 자기계발이나 취미를 찾는 사람이 있는가 하면, 비트코인이나 주식 등의 재테크에 열을 올리는 사람 등 여러 방식, 여러 모양의 라이프 스타일이 생겨났습니다. 그 가운데 필자는 생각했습니다. '그 어떤 일보다 중요한 일은 바로 내 몸을 경영해야 한다는 것'이라고 말이지요. 자유자재로 모양을 바꾸어가며 우리를 위협하는 바이러스의 활개 속에서 속수무책으로 우리 몸을 내맡기며 살아간다는 것이 너무 두려웠을뿐 아니라 안타까웠기 때문입니다.

40년이 넘는 세월 동안 여성의 몸을 관찰하고, 분석하며 속옷을 지어온 디자이너로서 이것 하나만은 자부할 수 있습니다. 몸을 돌보는 일에 소홀하면 건강이 무너지는 것은 물론 체형이 망가지고 결국 노후의 모습까지 바뀌게 된다는 것 말입니다.

이러한 관점에서 내 몸의 자세부터 바로 세우고 나아가 몸 경영 가치를 세우는 일로 몸에 대한 패러다임을 전환하자는 메시지를 담아, 책을 다시 다듬기로 했습니다.

내 몸이 보내는 신호에 귀를 기울이며 자세부터 바로 잡고, 내 몸에 맞는 속옷을 제대로 입는다면 내 몸의 틀이 달라지고 내 삶도 변하게 된다는 것을 알리고 싶었습니다. 그리고 이 과정이 몸 관리를 넘어선, '몸 경영'이라고 생각합니다.

돌이켜 보면 속옷디자이너라는 외길을 걸으며, 기능성 속옷을 만들어왔다는 자부심 외에 자랑할 것이 없는 내 인생. 이제 그 40여년의 경험치가 녹아든 속옷 처방전을 토대로, 우리나라 여성들이 보다 건강하고 행복한 삶을 살 수 있도록 도울 수 있다면 얼마나 기쁠까요?

아울러 남은 인생에 한 번 도전해 볼만한 '몸 경영 프로젝트'가 기다리고 있다는 것은 또 얼마나 가슴 뛰는 일인가요?

늘 설레는 일에 뜨거운 응원을 보내 주는 에띠임 가족들에게 감사 인사를 전합니다.

사람의 몸을 어루만지는 속옷을 지으라는 뜻으로 알고 더 몸 경영에 힘쓰겠습니다.

아울러 독자 여러분에게 전합니다.

"우리 '몸 경영'을 통해 건강을 누리며 다 같이 신나게 삽시다!"

박명복

목 차

Part1. 미인의 조건, 바른 자세 경영

몸, 맘, 삶, 경영	16
내 삶을 그대로 보여주는 내 몸, 그래서 몸 경영	18
몸 경영의 시작은 바른 자세로 걷기	21
노화를 막으려면 체온부터 챙겨라	24
면역은 몸 경영의 이력서, 등을 펴면 면역력이 살아난다	28
프랑스 여자가 80세에도 사랑을 하는 이유	31
꼿꼿한 할머니는 멋있다	33
자세만 바꿔도 뱃살이 빠진다	36
몸태를 살리려면, 일단 뚫어라?	44
비만형, 세장형, 투사형	46
우리 이제 그만 헤어지자… 셀룰라이트!!	49
체중계 대신 거울을 보라! 놀라운 기능성 속옷 눈바디	52

Part2. 내 몸의 기초 화장품, 속옷으로 몸매 경영

속옷은 '제2의 피부'	58
속옷을 제대로 입으면 성공을 부른다	61
스트레스 날려 주는 속옷이 따로 있다?	64
내 몸매를 부탁해, 보정속옷	67
내가 입는 속옷이 내 몸매를 만든다	68
스페셜 언더웨어	70
아무도 가르쳐주지 않았던 10대 언더웨어	70
딸의 속옷을 선택하는 어머니에게	71

10대의 속옷이 왜 중요할까	73
10대용 속옷은 어떤 것이 좋을까	75

신부와 임산부의 언더웨어

아름다운 그대, 신부를 위한 언더웨어	76
생명을 품은 임산부의 언더웨어	78
임산부의 배, 그 변화에 대하여	82
임신 중에는 속옷을 어떻게 입어야 할까?	83

내 몸매를 결정해 주는 출산 후 언더웨어

출산은 끝이 아니다! 여자의 자존심은 이제부터	86
새내기 엄마가 된 당신, 어떤 속옷을 입을 것인가?	87
임신 전 날씬한 몸매로 돌아가기 3단계	89

평생 젊음 유지를 위한 언더웨어

매혹적인 몸매의 시작, 30대	90
볼륨미란 바로 이런 것, 40대	92
내 나이가 어때서? 여전히 아름다울 50대	93

미래의 언더웨어   95

Part3. 머리부터 발끝까지, 스타일 경영

나도 몰랐던 내 체형

	100
피하지방의 똑똑한 재배치	102

체형별 맞춤 속옷 처방전

	104
S형, A형, Y형, D형, H형	104

'내 몸매가 어때서?'   109

당신의 브래지어는 안녕한가요?

	110
체형에 맞는 브래지어를 찾아서	110
내 가슴 바로 알기	114

개미처럼 살기는 싫어도 개미허리는 되고 싶은 당신에게

	117
웨이스트 니퍼, 내 허리의 수호천사	119

볼륨미의 절정, 엉덩이를 사수하라

	121
힙한 '힙 미인'이 되고 싶다면	121

예쁜 엉덩이의 탄생을 거들어주는 '거들'	125
슬기로운 세탁 생활	**127**
속옷 세탁 전 체크 포인트	127
기능성 속옷 세탁, 이렇게만 하면 10점 만점에 10점	129
기능성 속옷 세탁의 완성은 '건조'	129
왜 이제야 썼나? 위그	**131**
나이 들수록 줄어드는 머리숱	132
척척 붙이기만 하면 되는 위그	134
나에게 맞는 헤어스타일로 스타일 UP, 자존감 UP!	136
한결같은 스타일은 오히려 '독'	137
대놓고 물어보기 민망했던 궁금증? 무엇이든 물어보세요	**140**

Part4. 내 몸의 자존감, 마음 경영

패션의 완성은 속옷	**146**
진정한 우아함은, 보이지 않는 곳에	**148**
브래지어의 탄생	**153**
옛날 우리나라 속옷들	**157**
행운을 부르는 속옷	**159**
속옷은 여자의 자존심	**161**
당신의 속옷 가치는 얼마입니까?	162
속옷은 무언의 저항	**165**
영화 속에서 만난 속옷 이야기	**167**
영화 '나인' (Nine, 2009)	169
60대에도 3~40대의 얼굴과 몸매를 유지했던 소피아 로렌	169
볼륨미 큰 그녀의 매력, 70대까지 유지하다	171
바람과 함께 사라지다 (Gone with the Wind, 1939)	173
코르셋 (Corset, 1996)	175
란제리 (Love & Confusions, Amour & Confusions, 1997)	177
제5원소 (The Fifth Element, 1997)	178
말레나 (Malena, 2000)	179

물랭루즈 (Moulin Rouge, 2001)	180
브리짓 존스의 일기 (Bridget Jones's Diary, 2001)	181
언페이스풀 (Unfaithful, 2002)	183
시카고 (Chicago, 2002)	184
툼 레이더 (Lara Croft: Tomb Raider, 2018)	185

Part5. 가슴 뛰는 삶, 인생 경영

평범하지만, 평범하지만은 않은 나의 삶	190
ENFP '재기 발랄한 활동가'	190
명복이라는 '여자' 아이	191
굳세어라, 명복아!	193
결혼, 그리고 결심	194
두 아이의 엄마, 유학길에 오르다	196
나의 롤모델, 루디아처럼	198
몸 경영 토크	204
오한진 박사와의 대담	205

부록

여성들이 알아야 할 평생 속옷 스케줄	210
이 책에 언급된 책과 참고 자료들	212

Part 1
미인의 조건,
바른 자세 경영

몸, 맘, 삶, 경영

　나이가 들수록 사람의 몸을 보는 '눈'이 생긴다. 특히 그 사람의 몸을 보면 그가 어떤 마음을 품고 있는지, 한평생 어떤 인생을 살아왔는지 어렴풋이 짐작해볼 수 있다. 그 때문인지, 필자는 어떤 사람을 만나면 그 사람의 '몸' 이미지로 상대방을 기억하는 경우가 많다. 몸이 보여주는 자세와 태도가 사람의 인상을 좌우하기 때문이다.

　건강한 사람의 몸이 보여주는 밸런스와 에너지는 주변도 행복하게 하는 반면, 우울과 짜증이 배어 있는 몸은 주변도 힘들게 한다.

　우리가 어디서 무엇을 하든 늘 함께 가는 몸과 마음. 이 둘 중 하나가 살짝만 앓아도 우리의 삶은 와르르 무너지고 만다. 몸이 망가지면 오래 사는 것이 무슨 축복이겠는가? 장수의 축복을 누리려면, 그것을 마땅히 받을 만한 준비가 되어 있어야 할 것이다. 그래서 필요한 것이 '몸 관리'를 넘어선 '몸 경영'이다.

　'I Purple You(나는 당신을 보라해)'라는 말이 있다. 전 세계적으로 인기를 끌고 있는 아이돌 그룹 BTS의 멤버인 뷔(V, 김태형)가 팬 미팅에서 만든 신조어다. 무슨 뜻이냐 하면, '일곱 빛깔 무지개의 마지막 색인 보라색처럼 끝까지 사랑하고 함께 하자'는 의미가 담긴 말이라고 한다. 이 말이 유행어처럼 번져 하나의 상용어구가 된 것이다.

　예부터 보라색은 동서고금을 막론하고 신성함과 신비로움을 느끼게 하는 귀족의 색으로 특별대우를 받아왔다. 현대의 색채 심리학자들은 보라색을 일컬어, 심신이 피로할 때 찾게 되는 '치유의 색'이라는 별칭을 붙이기도 했다.

 필자가 디자인한 기능성 속옷 브랜드 ettim을 상징하는 색 역시 보라색이다. 보라색이 지닌 신비로운 이미지뿐만 아니라 특유의 우아함과 여성스러움 그리고 치유와 재생의 이미지가 우리 브랜드에 고스란히 담겼으면 하는 소망을 담은 것이다.

 전 세계 사람들의 마음을 사로잡은 BTS의 일곱 멤버들처럼, 아름다운 무지개의 마지막 색인 보라색처럼, 끝까지 사랑하고 함께하자는 의미를 담은 한 마디.

 'I Purple You'

 나는 이 말을 몸 경영의 표어로 삼고 싶다. 세상을 사는 동안 끝까지 건강하고, 아름답게 함께하자는 소망을 담아, 'I Purple my body!!'

내 삶을 그대로 보여주는 내 몸
그래서 몸 경영

어느덧 '중년'의 테두리 안에 한 발을 들여놓은 그대. '아줌마'라는 호칭이 익숙해져 버린 자신에게 가끔은 회의감이 들 수 있다.

"당신, 살 좀 붙었네." 하는 남편의 말에 별달리 반박할 여지가 없는 자신이 가끔은 애처롭게 느껴질 때도 있을 것이다. 그러나 필자는 중년이라는 소중한 인생의 문턱을 지나고 있는 당신에게 박수를 보내고 싶다. 길다면 길고, 짧다면 짧은 그 세월을 울고 웃으며, 넘어지고 일어서기를 반복하며 걸어온 당신은 이미 충분히 아름답고, 멋지기 때문이다.

그런데 이쯤에서 분명히 해두어야 할 것이 하나 있다.
'중년, 당신의 몸도 아름답고 멋진가?'

50대 이후 즉 중년의 삶을 살아갈 때 우리는 더욱 민감하게 우리의 몸에 반응해야 한다. 몸이 보내는 신호 그리고 몸이 보여주는 변화에 무감각하게 살아간다면 어느 날 갑자기 응급실에서 눈을 뜨더라도 전혀 이상한 일이 아닐 것이다. 그렇다면 중년의 몸뚱이를 위해 가장 먼저 우리는 무엇을 해야 하는가? 필자는 두말할 것 없이, '외모, 즉 몸매를 가꾸는 것'이라고 말하고 싶다. 그러나 그저 아름답고 날씬한 몸매를 가지기 위한 '다이어트'가 아니다. 자신을 존중하고 진심으로 사랑할 수 있는 마음을 회복하는 것! 그것이 바로 중년 체중 조절의 목적이다.

당신이 인정하든, 인정하지 않든 인간은 시각 정보에 민감하게 반응한다. 본능적으로 아름다운 것을 찾고, 추구하는 것이 우리의 원래 모습인 것이다. 한 심리학 실험에서는 생후 3개월이 갓 지난 신생아도 아름다운 사람에게 더 큰 관심을 보인다는 사실을 밝혀내기도 했다. 아름다움을 따르는 인간의 본성은 반박할 여지가 없어 보인다. 그런데 여기서 한 가지 짚고 넘어가야 할 것이 있다.

'아름다운 외모'가 과연 중년의 행복을 보장할 수 있을까? 답하기에 앞서, 미국 위스콘신 대학교에서 진행한 한 연구를 소개하고자 한다.

연구진은 고등학교 졸업생 만여 명을 대상으로 50년간 추적연구를 진행했다. 연구의 내용은 이러했다. 외모를 '얼굴' 점수와 '몸매' 점수 두 가지로 규정하고 이 수치가 개인의 행복과 우울증에 어떤 영향을 미치는지 분석한 것이다. 연구 결과, 고등학교 재학 당시 출중한 외모를 뽐냈던 응답자들은 평균적으로 그렇지 못한 사람보다 5.5% 더 행복한 것으로 나타났고, 고등학교 재학 당시 날씬한 몸매를 가졌던 사람은 그렇지 못한 사람보다 약 7.4% 더 행복한 것으로 나타났다. 이러한 수치는 각각 교육 수준이 높은 사람, 건강한 사람, 연봉이 높은 사람의 행복도가 3~4% 내외인 것과 비교했을 때 상당히 높은 수치였다.

다시 한번 앞선 질문으로 돌아가 보자. '아름다운 외모'가 행복을 보장할 수 있을까? 필자는 당당히 '아니다'라고 말하고 싶다. 여태껏 아름다운 외모의 강력한 파워(?)에 대해 서술해왔으면서, 왜 갑자기 '아니'라고 하는지 의아한 독자들이 있을 것이다. 물론, 아름다운 외모는 중요하다. 위의 연구에서 나타난 바와 같이, 외모는 행복에도 영향을 미친다. 하지만 중요한 것은 외모와 행복은 '직결' 되어 있지 않다는 사실이다. '외모가 아름다운 사람=행복한 사람'이라는 공식은 성립되지 않는다. 뭔가 하나가 빠져 있기 때문이다. 외모와 행복 사이를 이어주는 중요한 다리가 하나 있었으니, 그것은 바로 외모와 행복 사이를 이어주는 중요한 다리, 바로 '자존감'이다.

　자존감이란, 말 그대로 자신을 존중하고 사랑하는 마음이다. 즉 아름다운 외모를 지닌 사람들은 높은 자존감을 가질 가능성이 그렇지 못한 사람에 비해 높고, 그 결과 행복감을 느끼기 좀 더 수월하다는 것이다. 우리는 모두 행복해지기를 원한다. 너도나도 "행복하시길!" 하고 덕담을 건네지만 정작 행복에 이르는 방법을 가르쳐주는 사람은 없다. 그렇다고 "자존감을 높이시라."는 다소 추상적인 조언을 하고 싶지도 않다. 중년 여성들이여, 행복해지고 싶은가? 지금 당장 거울 앞으로 가서, 당신의 외모를 점검하라. 아름다운 미소를 장착하고 더 자존감 넘치는 몸매를 갖기 위한 1단계, 몸 경영에 돌입하길!

몸 경영의 시작은 바른 자세로 걷기

　새로운 사람과 만나서 상대를 평가할 때 걸리는 시간이 얼마나 될까? 머리에서 발끝까지 스캔하고, 상대에 대한 나름의 호감도가 결정되는 순간은 5초 남짓이라고 한다. 우리가 흔히 사용하는 상대방의 '이미지'가 결정되는 데 걸리는 시간이 불과 5초뿐이라는 사실이 놀랍지 않은가?

　호감 가는 사람과 미팅이 있었다고 가정하자. 앉아서 대화를 할 때는 미처 몰랐는데 좋은 스펙에 걸맞지 않게 상대방의 걸음걸이가 경박하거나, 시선을 줄곧 땅에 두고 걷는다면 상대에게 가졌던 호감은 반감될 것이다. 이렇듯 한 사람의 이미지를 결정하는 데는 조건이나 스펙 못지않게 몸매와 스타일이 큰 영향을 미친다.

범람하는 광고들 가운데, 다이어트 광고는 늘 상위를 차지한다. 건강상의 이유도 있겠지만, 남들에게 좋은 이미지로 기억되고 싶은 마음 즉 인간 내면에 존재하는 '인정에의 욕구'가 더 큰 원인일 것이다.

여성의 몸을 40년 이상 접해온 필자의 생각으로는 살이 찌는 흔하고 중요한 원인은 영양소의 결핍이다. 언뜻 생각하기에 살이 찌는 것은 영양의 과다에서 기인된 것 같지만, 사실은 영양소 부족의 결과이다. 양적으로는 충분하지만 정제된 음식만 먹으니 몸에 필요한 영양소는 결핍되는 것이다. 진정한 다이어트는 세포들이 똘똘하도록 필요한 영양소를 지원해 주는 일이다.

화학 합성물질이 첨가된 가공식품, 정제식품, 튀김류 등을 멀리하고, 신선한 야채, 과일 위주의 내 몸에 유익한 식사로 세포를 무장시키자. 그리고 지금 당장 간편한 운동복을 입고, 가까운 공원으로 나가자, 그리고 걷자!!

걷기는 칼로리를 소모하는 데 더할 나위 없이 좋은 운동이다. 또한 걷기는 완벽한 운동이며 달리기나 과격한 스포츠처럼 무릎에 부담을 주지 않는다. 게다가 부작용이 거의 없다고 봐도 무방하다.

아프리카 케냐와 탄자니아 경계의 초원 지역에 사는 마사이족의 경우 하루 3만 보 가까이 걷는다고 한다. 바르고 곧은 자세로 빠른 속도로 걷기 때문에 한결같이 늘씬하고 군살이 없다. 그들에게서 고혈압, 당뇨, 고혈압 등의 성인병을 찾는 일이 더 어려울 것이다.

"아름다움이란 당신이 자신을 받아들이기로 결심할 때부터 시작된다."는 코코 샤넬의 말처럼, 걷기를 통해 나의 이미지의 변신을 상상하고 실천하고 받아들이자.

여기에 모델이 런웨이를 즐기는 것 같은 '워킹'의 짜릿함까지 더해진다면, '인정'이라는 날실과 '자존감'이라는 씨실이 엮어져 진정 자신을 사랑할 수 있는 계기가 마련될 것이다.

시선을 멀리 보고, 허리를 펴고, 발바닥 전체를 이용해서 약간 빠른 걸음으로 걷다 보면, 몸 곳곳에 땀이 송글송글 맺히면서 여기 저기 숨어있던 군살들이 점차 사라져가는 기분 좋은 경험을 할 수 있을 것이다.

노화를 막으려면 체온부터 챙겨라

건강검진을 위해 병원에 가면, 가장 기본적인 검진 항목 중 하나가 바로 '**체온**'을 재는 것이다. 사실 건강검진까지 갈 필요도 없다. 최근 몇 년 동안 코로나 19로 인해 어디를 가든 입구에서 '체온'을 측정하는 것이 우리의 당연한 일상이 된 지 오래다. 일단 '체온이 높다'라고 표현하면 대부분 몸에서 열이 나는 이상 상황을 떠올리게 된다.

그렇다면 우리는 왜 이토록 체온부터 챙기는 것일까?

체온은 우리 몸의 기능이 제대로 이루어지고 있는지 확인할 수 있는 대표적인 지표이기 때문이다. 우리 몸이 움직이고, 에너지를 만들기 위해서는 몸속의 '효소'가 필요한데 이 효소가 가장 활발하게 생성되는 온도가 바로 36~37.5도다. 즉 우리 체온이 적정온도를 유지할 때 비로소 면역체계가 정상적으로 작동될 수 있으며, 혈액순환 및 신진대사에 핵심적인 역할을 하는 효소가 '열일' 할 수 있는 조건이 마련되는 것이다. 예로부터 몸을 따뜻하게 하는 것만으로도 아픈 곳이 낫는다는 속설이 있다. 히포크라테스는 "약으로 고칠 수 없는 병은 수술로 치료하라. 수술로도 안 되는 병은 열로 치료하라. 열로도 안 되는 병은 영원히 고칠 수 없다."고 말했다.

최근까지 진행된 의학 연구 결과를 종합해보면, 우리 몸의 적정 체온보다 1도가 낮으면 대사 능력이 약 12%, 면역력이 무려 약 30%나 저하된다고 한다. 낮은 체온이 지속되면, 우리 몸에 산소와 영양분을 운반하는 효소가 제대로 일할 수 없게 되고 따라서 신체의 전반적인 기능이 저하되는 것은 시간문제인 것이다.

조금 더 피부에 와닿는 설명을 위해, 일본 국립예방위생연구소에서 시행한 한 연구를 소개하고자 한다. 연구진은 체내에서 자궁암 세포와 정상 세포를 채취한 후, 각각 32도와 43도 사이의 온도에 노출시켰다. 그 결과 39.5도 이상의 온도에 노출된 자궁암 세포가 열흘 만에 사멸되는 것을 발견했다고 한다. 이는 평균 체온이 정상 체온보다 1.5도 가량 낮으면 암세포가 자라기 쉬운 환경이 된다는 연구 결과를 뒷받침하는 근거가 되기도 했다.

미국 웨스트체스터 대학 연구팀은 질병통제예방센터(CDC)의 미국 지역 암 발병률 데이터를 사용해 추운 날씨 등이 암 유발에 미치는 영향을 조사했다. 그 결과 습기나 기온 등의 수치가 암을 유발하는 직접적인 요인은 아니지만, 이러한 기후 요인이 우리 몸이 발암물질에 노출될 가능성을 증가시킬 수 있다고 밝혔다. 추운 날씨로 인해 체온이 낮아지면 암에 노출될 확률도 높아질 수 있다는 것이다.

평균적인 체온은 36.5도라고 알려져 있지만, 모든 사람이 같은 체온을 유지하는 것은 아니다. 최근에는 오히려 이보다 낮은 체온을 갖고 있는 현대인들도 주위에 적지 않게 있다. 온혈 척추동물에 속하는 인간은 체온이 내려가면 혈액 순환 및 신체 내부의 각종 장기 및 순환기 활동이 저하되면서 근육과 관절이 굳어져서 각종 질환 및 관절 통증을 발생시키고 심할 경우 심근경색의 원인이 되기도 한다. 체온은 너무 높아도 문제지만 너무 낮아도 문제가 되기 때문에 적절한 체온이 항상 유지되도록 관리해야 한다.

체온이 정상보다 낮으면, 소화기관의 기능이 떨어져 소화불량을 일으킬 뿐만 아니라 혈액 순환이 저하되면서 온몸에 영양이 제대로 공급되지 않아 간염이나 관절염 등 염증 질환에 노출될 위험도 높아진다는 것은 우리가 익히 아는 사실이다. 특히 노년 건강의 적신호인 퇴행성관절염, 수정체가 탁해지는 백내장 등과 같은 질병의 시작도 결국은 체온 저하가 그 주요 원인이다. 체온 저하에 따른 질병에는 젊은 사람들도 예외가 아니다. 월경통, 잦은 감기, 과민성 대장증후군 같은 질병으로 골머리를 앓는 사람들은 대부분 체온 조절을 등한시했을 가능성이 높다.

특히 여름철에는 더위로 인해 실내에서 냉방을 과도하게 할 경우 건조한 실내 공기 및 지나친 실내외 온도 차로 인해 일명 '여름감기'라고 불리는 냉방병에 걸리기 쉽다. 그만큼 체온은 외부 환경에 민감하고 그런 체온으로 인해 우리 신체의 면역력이 오르락내리락할 수 있다는 이야기다.

이 정도면 적정 체온을 유지하는 것이 면역력의 핵심인 몸 경영에 있어 필수적이라는 사실을 더 강조할 필요는 없을 것이다. 그렇다면 어떻게 해야 체온을 올릴 수 있을까? 어려울 것 없다. '물'을 충분히 섭취하고 적절한 속옷을 착용하면 일단 기본 이상은 한다.

물을 마시면 신진대사를 촉진할 뿐 아니라, 활발한 이뇨 작용으로 인해 체내에 축적된 노폐물을 몸 밖으로 배출시킬 수 있다. 또한 자신의 체형에 맞는 건강한 속옷을 착용하면 땀과 수분을 적절하게 흡수해 적정 체온을 유지하도록 도와주기 때문이다.

여기에 보온효과로 면역력 상승에 도움을 주는 원단의 속옷을 착용한다면 신체를 늘 건강하게 유지할 수 있다.

우리는 봄, 여름, 가을, 겨울 사계절이 뚜렷한 나라에 살면서 사계절의 아름다움을 누릴 수 있는 특권을 가진 만큼, 외부 온도 변화에 상관없이 적정 체온인

36.5도를 꾸준히 유지해야 하는 의무도 동시에 부여받았다. 이 의무를 잘 지키면서 몸 경영을 실천할 때 비로소 100세까지 무탈하게 봄, 여름, 가을, 겨울의 아름다움을 만끽할 수 있을 것이다.

면역은 몸 경영의 이력서
등을 펴면 면역력이 살아난다

최근 몇 년간 전 세계를 팬데믹에 빠뜨린 코로나19의 여파로, '면역력'이 인류의 핵심 키워드가 된 지 오래다. 필자 역시 면역력을 높일 수 있는 방법 중 하나인 체온 유지에 심혈을 기울여 속옷을 만들어 오고 있다.

그런데 또 하나 주목하게 된 연구 결과가 있다.

면역력을 증진시키는 중요한 방법 중 하나가 다름 아닌 '바른 자세를 유지하는 것'이란 사실이었다. 언뜻 '면역력'과 '자세'가 무슨 연관이 있는지 의아할 수 있다. 필자도 그랬다. 하지만 구부정한 자세를 지속적으로 취할 경우, 등이 굽고 그로 인해 체내 면역세포의 70% 이상이 분포하는 장 등의 장기에 부정적인 영향을 끼친다는 설명을 들으면 누구나 고개를 끄덕일 수밖에 없을 것이다.

바른 자세를 유지한다는 것은 곧 등을 펴고 척추를 바르게 하는 것이다. 척추는 우리 몸을 지탱하고 평형성을 유지하는 아주 중요한 역할을 한다. 따라서 우리가 평소에 바른 자세를 유지한다면 척추의 스트레스를 감소시켜 신체의 통증을 조절할 수 있을 뿐만 아니라, 교감신경의 자극을 줄여 자율신경계가 균형을 유지하도록 도울 수 있다.

반대로 구부정한 자세는 척추 관절에 극심한 부담을 준다. 척추를 바르게 유지하는 데 필요한 뼈와 근육, 관절에 무리를 주어 제 역할을 제대로 못 하게 만들 뿐 아니라, 면역력까지 약화시키고 만다.

등은 몸의 운동신경과 감각신경, 자율신경 등이 지나는 신경 통로로 몸 전체의 신체 기관을 조율하고 조정하는 중추적인 역할을 한다. 등의 척수신경은 내장의 여러 기관을 움직인다. 따라서 등을 오래 구부리고 있으면 신체 각 부위에 문제를 일으키는 것은 당연하다. 스트레스 등 외부적 요인으로 인해 등 근육이 뭉쳐 척수신경을 누르면, 척수신경이 장기에 정상적인 운동 명령이나 소화효소 분비를 명령할 수 없게 되어 우리 몸 건강을 위협하게 되는 것이다. 그래서 목뼈에서 꼬리뼈까지 이어지는 척추를 타고 이어지는 척수신경이 이른바 '면역'의 핵심이라고 할 수 있다.[1]

인체가 어떤 행동을 할 때, 우리는 그것이 '의식적인 행동'이라고 생각하기 쉽지만 사실 인체 행동에 의식이 관여하는 비율은 10%에 지나지 않는다고 한다. 즉 행동의 90%는 무의식에 의한 것이라는 사실이다. 이 무의식적이고 습관적인 행동을 관장하는 것이 바로 척수신경이다. 따라서 등은 자율신경이 장기에 보낼 신호를 판단하는 척수신경의 보금자리로서, 그 중요성이 지대하다고 해도 과언이 아니다. 앞으로 주변에서 등이 구부정하게 굽어 있거나, 등 근육이 심하게 뭉쳐 있는 사람을 보면, 측은지심을 발휘해보시길 바란다. 그 사람은 '스트레스가 많은 사람'일 뿐만 아니라, 그로 인해 대부분의 면역세포가 분포해 있는 장 건강도 좋지 않을 가능성이 크기 때문이다. 그 말은 즉, 면역력이 약하다는 뜻이다.

정리하면, 면역력은 건강한 음식을 섭취함과 더불어 등을 곧게 펴고 바른 자세를 취할 때 비로소 유지될 수 있다.

특히 머리부터 골반까지 이어지는 등의 곡선이야말로 우리가 지켜야 할 최우선 '선' 임에 틀림없다. 스트레스를 줄이고, 등 건강을 챙기는 것이 바로 몸 경영의 첫 번째 단추라는 것을 명심하길 바란다.

필자는 그래서 명치와 복부, 허리에 이어 어깨와 등에 은 지압구를 부착하는 도전을 시도해 큰 반응을 얻은 바 있다.

마치 뭉친 등 근육들의 신음소리를 만져주듯이 풀어주어 꼿꼿한 자세에 도움을 주겠다는 일념으로 새로운 콘셉트의 보정속옷을 만든 것이다.

좋은 원단으로 피부를 보호하고 탄력 있게 해주는 기능은 물론 등의 혈점에 은 지압구를 부착해 입고 있는 동안 저절로 등 근육 이완을 도와주는 원리에서 착안한 것이다.

보정속옷의 원래 기능은 울퉁불퉁한 몸매를 보정하는 것이다. 하지만 면역력과 바른 자세에 도움을 주지 못하면 아무리 몸매를 보정해준들 '몸 경영'에 무슨 소용이 있겠는가?

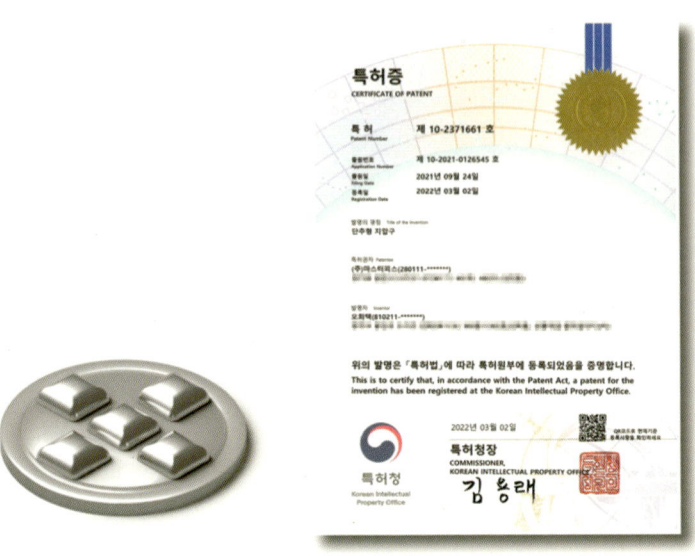

은 지압구

프랑스 여자가 80세에도 사랑을 하는 이유

오래도록 애정해 온 책이 한 권 있다. '프랑스 여자는 80세에도 사랑을 한다' 제목부터 눈길을 끄는 책이었다.

이 책을 처음 접했을 당시, 우리 사회에서 '프랑스 여자' 이 다섯 글자는 아름답고 당당한 여성상을 떠올리게 하는 대명사로 쓰였다.

먼저 출간된 '프랑스 여자는 늙지 않는다'를 읽으면서 신선한 충격을 받았는데 그것도 모자라서 80세에도 사랑을 한다니! 책 내용이 궁금할 수밖에.

책 속에는 제목만큼이나 매력적인 내용들이 가득했다. 그중 가장 눈길을 끌었던 대목은 '기품 있는 여자는 등이 꼿꼿하다'는 대목이었다. 나이가 들어도 아름다울 수 있는 프랑스 여자들의 비결 가운데 가장 핵심, 그것이 이 한 문장으로 단번에 요약된다고 해도 과언이 아니다.

조금 풀어보자면, 요지는 이랬다. 어떤 여성이든 체형에 상관없이 자세가 올바르면 옷맵시가 나고, 마찬가지로 어떤 브랜드의 옷을 입느냐에 상관없이, 바른 자세로 앉고, 서고, 걷는 여성은 명품 옷을 입은 것보다 훨씬 기품이 느껴진다는 것이었다.[2]

나이가 들수록 매력적인 프랑스 여성들! 같이 나이가 들어감에도 불구하고, 그들이 다른 나라 여성들보다 우아하고 기품있어 보이는 비밀의 열쇠를 바로 '자세'에서 찾은 것이다. 실제로 필자가 사업차 프랑스를 오갈 때마다 거리에서 만난 여성들을 떠올려보면, 정말이지 하나같이 올곧은 자세와 당당한 걸음걸이를 뽐냈던 것으로 기억한다.

프랑스 여성 예찬론은 이쯤에서 접어두기로 하고, 그렇다면 올바른 자세란 어떤 자세일까? 구체적이고 다양한 설명들이 있겠지만, 필자는 이 한 마디만 기억한다.

"프랑스 식당 특유의 다닥다닥 붙은 테이블 사이를 빠져나간다고 상상하세요."

자넷 레인이 쓴 'Your Carriage, Madam!'에 나오는 표현이다. 이 문장의 장면 속에 내가 있다고 상상해보면, 무의식적으로 엉덩이를 바짝 당기고 배꼽을 척추 쪽으로 끌어당겨 골반이 바른 자세가 되는 것을 느낄 수 있을 것이다. 즉 등을 곧게 펴고 귀와 어깨 그리고 고관절이 일직선이 되게 하는 꼿꼿한 자세를 취하게 되는 것이다.

올바른 자세를 가진다는 것은 생각보다 쉬운 일이 아니다. 오랜 기간에 걸쳐 훈련이 되어야 하고, 의식적으로도 어디에서 무엇을 하든 늘 '자세'를 신경 써야만 한다. 그러나 필자는 꽤 오랜 시간이 걸린다고 해도, 여러분이 기꺼이 여기에 시간을 투자하기를 권하고 싶다. 평생에 걸쳐 '바른 자세'를 갖기 위해 노력하는 그 과정 속에서 당신은 이미 프랑스 여성 못지않게 당당하고 기품 있는 여성이 되어 있을 것이다.

꼿꼿한 할머니는 멋있다

흔히 들어온 말 중에 '머리를 쓰지 않으면 몸이 고생한다'는 말이 있다. 그런데 단도직입적으로 말하자면, 이 말은 틀렸다. 세계적인 뇌의학 전문가인 하버드대학의 존 레이티 교수는 '몸을 써야 머리가 좋아진다'고 당당하게 주장한다.[3] 학생들이 매일 최소 40분씩은 신체 운동을 해주어야 뇌가 자극을 받아 학습 능력이 향상된다는 것이다. 즉 신체의 움직임을 통해 뇌로 공급되는 혈류와 산소량이 증가하면서 세포 배양 속도가 빨라지고 뇌 안의 신경세포가 활기차게 기능할 수 있게 된다는 것!

그런 의미에서 필자는 '젊어서 고생은 사서도 한다'는 말을, '늙어서 운동은 사서도 한다'는 말로 바꿔보고 싶다. 나이가 들면 우리의 신체 기능은 현저히 떨어지게 된다. 이것은 어쩔 수 없는 자연의 이치다. 그러나 그 속도를 아주 느리게 조절할 수는 있다. 바로, 몸을 움직이는 것이다.

언젠가 할머니도 립스틱을 짙게 바르면 균형감각에 좋다는 연구 결과를 본 적이 있다. 늙어서도 화장을 게을리하지 않는 여성은 균형감각이 좋아 낙상 사고가 적다는 것이다. 프랑스의 한 대학 연구진과 화장품 회사에서 65~85세 여성들을 대상으로 조사한 참으로 흥미로운 결과였다.

평소 화장을 하는 할머니는 화장을 안 하는 할머니보다 균형감각이 더 좋아 무게중심을 더 잘 잡았다는 해석으로 연구진은 이를 '립스틱을 바르고, 얼굴 볼 터치를 하는 화장 동작들이 스트레칭 효과를 내기 때문'이라고 분석했다.

우리는 보통 '운동하라'고 하면, 전문적이고 체계적인 트레이닝을 상상하곤 한다. 그러면 자연스레 '비용'이 발생할 것이라 여기고 차일피일 미루다 속절없이 시간을 흘려보내기 일쑤다. 혹은 마음을 독하게 먹고 운동을 시작했다가도 무리한 계획을 세운 탓에 작심삼일로 끝나버리는 경우도 부지기수다. 그러나 운동의 가장 기본은 몸을 움직이는 것, 스트레칭만으로도 그 효과를 볼 수 있다.

스트레칭과 아울러 가장 간단하게 할 수 있는 운동이 있다. 바로 걷기이다 50세 이전에 별다른 운동을 하지 않았던 사람이라 할지라도, 일주일에 세 번, 단 30분씩만이라도 빠르게 걷는 운동을 통해 생체나이를 무려 10년이나 앞으로 당길 수 있다는 연구가 있다.

그저 걷는 것만으로도, 우리 몸은 충분히 운동 효과를 맛볼 수 있다는 것은 다양한 연구들로 이미 입증되었다. 그렇다면 남은 과제는 하나다. 어떻게 걸을 것인가?

사실, 나이가 들수록 걷는 것도 그리 간단한 일이 아니다. 노화가 진행되면서 우리 몸은 굽는다. 허리도 굽고, 목도 굽는다. 이러한 현상을 그대로 방치하게 되면 걸을 때도 상체를 앞으로 굽히게 되고, 결국은 지팡이 없이는 걸을 수 없는 상태에 이르고 만다. 덩달아 보행 속도가 느려지고 조금만 걸어도 힘들고 넘어질 위험까지 커진다.

꼿꼿한 허리가 받는 중력이 100일 때 꼬부랑 허리는 허리가 굽은 각도에 따라 200~300의 중력을 받는다는 학계 보고를 보더라도 근육의 피로와 삶의 무게까지 가늠할 수 있다.

그렇다면 백 살까지 허리를 곧게 세우고 꼿꼿하게 걸을 수는 없을까? 그 비밀은 몸통에 있다. 자세 유지에 가장 중요한 부위는 바로 몸통이다. 몸통 부위의 근육 이른바 '파워하우스'가 잘 단련되어 있어야 꼿꼿한 자세를 유지할 수 있는 것이다.

'파워하우스' 근육이란 횡격막 아래 복부와 허리 그리고 엉덩이 근육을 가리킨다. 우리 몸이 움직일 때 힘을 만들고 자세를 안정적으로 곧게 유지하는 데 핵심적인 역할을 한다. 우리에게 익숙한 '코어근육' 또한 이 파워하우스 근육의 일부다.

파워하우스 근육은 간단한 스트레칭만으로도 충분히 단련이 가능하다. 바닥에 편안히 누운 후, 양손으로 발목을 잡은 상태에서 다리를 하늘로 들어 올리면서 쭉 펴주는 동작이 가장 기본이다. 이때 어깨와 발목을 쥔 손에는 힘을 최대한 빼고, 허리를 곧게 펴서 복근에 힘이 들어가게 해주는 것이 포인트. 이 자세에 익숙해졌다면, 발목을 잡은 손을 놓고, 팔과 다리가 하늘을 향해 쭉 뻗은 상태로 3~4초간 유지해준다. 이 동작을 최소 5회 반복해주면 100세까지 꼿꼿하게 걸을 수 있는 '파워하우스'를 챙길 수 있다.

바야흐로 백세시대라고들 한다. 하지만 온몸이 굽은 채로 걸음조차 제대로 내딛지 못하면 백 세까지 산다 한들 무슨 즐거움이 있으랴? 중년들이여, 꼿꼿하게 나이 들고 싶은가? 지금 당장 일어나 걸어라! 당당하게, 밝게, 자신 있게. 오늘도 꼿꼿한 할머니가 멋있다.

자세만 바뀌어도 뱃살이 빠진다

중년 여성의 체형을 위협하는 가장 큰 적은 다름 아닌 '뱃살'이다. 아무리 뱃살 빼기에 좋다는 복근 운동을 열심히 해도, 매일 아침 공복 유산소 운동으로 땀을 한 바가지씩 흘려도, 우리의 뱃살은 도무지 방을 뺄 생각이 없는 것 같다.

그 이유는 나이가 들수록 우리 몸은 더욱 살이 찌기 쉬운 체질로 변하기 때문이다. 이른바 나잇살로 불리는 지방 축적은 신진대사가 이전보다 떨어지면서 발생하는 것이다. 특히 두둑한 뱃살은 더욱 늘어날 가능성이 높아진다.

그런데 골칫거리인 뱃살의 최대 적이 '올바른 자세'라는 사실을 알고 있는가? 자세가 바르지 못하면, 아름다운 바디라인은 물론 제대로 된 다이어트 효과를 보기도 힘들다. '뱃살과 자세와 무슨 상관이 있냐' 생각하실 수 있다. 이런 분들을 위해 간단한 예를 들어보면, 등이 굽고 목이 앞으로 빠진 일명 '거북목'인 사람이 있다고 치자.

등이 굽으면 일단, 복부에 들어가는 힘이 현저히 떨어진다. 배에 힘이 덜 들어간다는 것은 그 주변에 지방이 붙기 쉽다는 뜻이다. 또한 굽은 등은 우리 몸 전체의 균형을 깨뜨리는 주범이 된다. 몸의 균형이 깨지면, 마땅히 사용되어야 할 근육이 제 역할을 하지 않고 빈둥빈둥 노는 꼴이 된다.

근육을 적게 사용한다는 것은 곧 소비되는 칼로리가 적어진다는 것이고, 칼로리 소모가 적다는 것은 기초 대사량이 떨어진다는 것! 즉 운동을 해도, 운동한 만큼의 효과를 볼 수가 없는 몸 상태가 되는 것이다. 연초 새해 목표에 '다이어트'가 한 해도 거르지 않고 등장하는 이유도 바로 이 때문이다.

그런데 등이 굽었을 때 나타나는 우리 몸의 부작용은 이것만이 아니다. 등이 굽으면 덩달아 흉곽이 균형을 잡지 못하고 무너진다. 흉곽이 무너지면 몸속의 장기들이 제자리를 충분히 차지하지 못하고 눌리게 되어 내장에서 사용되어야 할 열량을 충분히 쓰지 못한다. 이 또한 기초 대사량이 떨어지는 원인이 된다.

눈에 보이는 악영향도 있다. 등이 굽어서 무너진 흉곽 때문에 골반의 길이가 짧아짐으로써 허리가 두꺼워 보이는 안타까운 효과(?)를 얻게 된다. 스키니진이나 허리가 잘록하게 들어가는 원피스를 입어도 도무지 모델 같은 핏이 나오지 않는 이유가 바로 여기에 있다.

오한진 박사 ettim 특강

필자가 있는 회사에 국민 주치의 오한진 박사를 초빙해 특강을 한 적이 있다. 그는 바른 자세의 중요성을 강조하면서 '2시간 강연을 듣는 동안 올바른 자세만 취해도, 강연이 끝날 때 살이 0.5kg은 거뜬히 빠질 수 있다'는 솔깃한 이야기를 전했다.

일순간 누가 시키지도 않았는데 모든 관객이 일사불란 바른 자세로 고쳐 앉는 광경을 목격한 바 있다.

배야 들어가라! 오직 한 마음으로…

굽은 등이 가져오는 도미노 효과는 뱃살뿐 아니라 온몸으로 퍼져나간다. 허리가 약해지고, 등과 어깨의 근육이 뭉쳐 통증을 유발하기도 한다. 등이 굽고 목이 앞으로 빠져 있는 거북목 상태가 지속되면 피로를 몇 배나 크게 느낄 뿐만 아니라 쇄골 밑을 지나는 림프순환의 장애로 부종이 생길 가능성도 커진다.

그대, 다이어트에 성공하고 싶은가? 기초 대사량을 늘려라!

당신, 기초 대사량을 늘리고 싶은가? 바른 자세를 유지하라!

특히 무조건 뱃살을 빼고 싶다면 칼로리를 비교해 반드시 올바른 자세를 취하라!

앉아 있는 자세

바르지 못한 자세

1. 머리가 앞으로 나와 거북이 목처럼 된다.

거북이 목을 지속하면 목 뒷부분의 근육과 인대가 늘어나 통증이 유발된다. 턱관절이나 목 부분의 척추(경추)에 부담이 가게 되면 얼굴 주변의 근육이 커지고, 순환이 잘되지 않아 지방이 쉽게 축적돼 큰 얼굴이 된다.

2. 다리를 벌리고 앉는다.

치마를 입을 때 다리를 어느 정도 벌리고 앉게 되는데, 다리를 벌리고 앉는 자

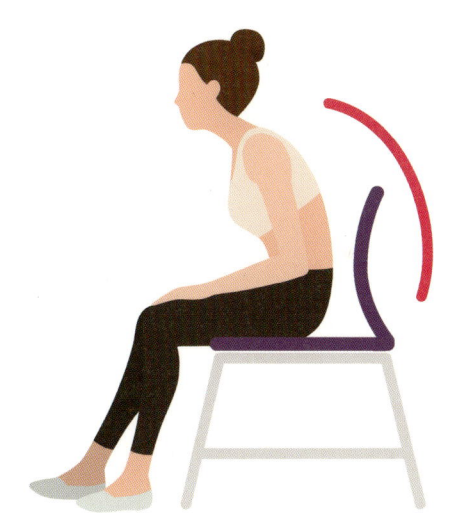 

바르지 못한 자세

세를 지속하면 O자 다리가 되기 쉽다.

3. 의자 안쪽으로 엉덩이를 깊이 넣고 앉는다.

등이 굽은 상태에서 엉덩이를 의자 깊숙이 넣어 앉으면 엉덩이가 빠지면서 오리 궁둥이가 되기 쉽다.

4. 등과 어깨가 굽는다.

등과 어깨가 굽게 되면 근육과 인대가 늘어나고, 척추에 무리가 가게 된다. 등이 굽거나 목이 앞으로 돌출된 사람은 상체 쪽에 살이 찌기 쉽고, 특히 등이 굽으면 상대적으로 배가 나오면서 복부 비만을 유발한다.

바른 자세

1. 어깨가 앞으로 숙여지지 않도록 주의하고 시선은 정면을 본다.

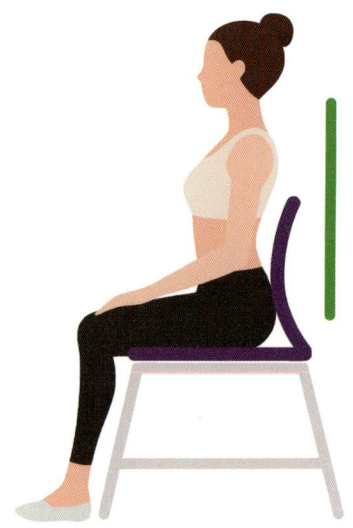

바르게 앉은 자세

2. 턱을 당긴다.

3. 가볍게 가슴을 펴고 등 근육을 편다.

4. 척추를 세우고 허리의 자연스러운 곡선을 유지한다.

5. 가슴을 활짝 편 상태로 엉덩이를 꽉 조인다.

6. 발바닥을 바닥에 붙인다.

서 있는 자세

바르지 못한 자세

1. 등이 굽고 한쪽 어깨가 처져 있다.

　등이 굽으면 상체와 복부 쪽에 살이 찌기 쉽고, 한쪽 어깨가 처지면 좌우 어깨 높이가 달라진다. 오른쪽 어깨가 처지면 골반도 오른쪽이 틀어지면서 척추가

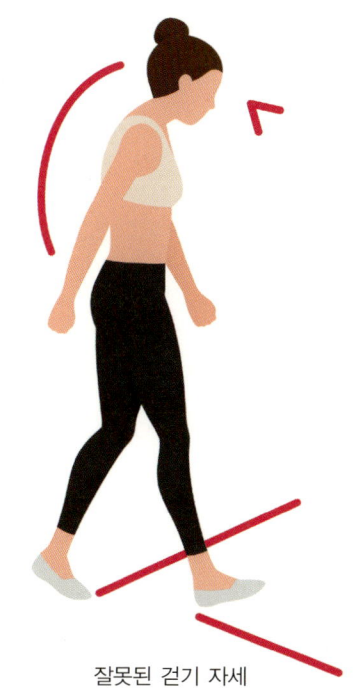

잘못된 걷기 자세

휘게 된다.

2. 골반이 한쪽으로 틀어진다.

　골반이 한쪽으로 기울어지면서 허벅지와 엉덩이 주변에 신진대사량이 떨어져 허벅지와 엉덩이에 살이 붙는다. 또한 골반이 비틀어지면 발목이 굵어지고 종아리 근육이 발달해 '알통이 배긴 종아리'가 될 수 있고, O자나 ×자 다리가 되기 쉽다.

바른 자세

1. 어깨 힘은 빼고 얼굴은 정면을 향한다.
2. 똑바로 섰을 때 양쪽 엉덩이 근육을 모은다.
3. 허벅지 사이에 얇은 잡지 등을 끼우고 다리 안쪽에 힘을 주어 책이 떨어지지

않도록 선다.
4. 등은 곧게 펴고 발은 붙인다. 이때 엄지발가락과 검지발가락에 힘을 준다.

잘못된 걷기 자세

1. 팔자로 걷는다.
　팔자로 걸으면 배가 나온 것처럼 허리가 나오게 돼 허리 디스크가 올 수 있다. 걸을 때 11자로 걸으면 허벅지 안 근육이 긴장되면서 허리가 앞으로 휘는 것을 줄일 수 있다.
2. 발바닥의 바깥쪽으로 무게중심이 간다.
　보통 여성들이 하이힐을 신을 때 중심을 잡기 힘들어 발바닥의 바깥쪽에 무게중심을 두고 걷는 경우가 많다. 바깥쪽에 힘을 주면 하체 근육이 발달하고, 골반이 틀어지게 된다.

바르게 걷는 자세

1. 턱을 약간 당기듯이 하고 똑바로 앞을 본다.
2. 등 근육을 똑바로 편다.
3. 배와 엉덩이를 조인다.
4. 발꿈치로 착지한 다음 발끝을 차듯이 지면에서 뗀다.
5. 땅을 차는 쪽 무릎을 쭉 편다. 발끝은 정면을 향한다.

바른 수면 자세

1. 위를 보고 바르게 눕는다.
2. 자신의 체형에 맞는 높이의 베개를 벤다. 베개는 등이 바닥에서 뜨지 않을 정

바르게 걷는 자세

도의 높이를 선택할 것. 타월을 말아 목 높이에 맞춰 베거나 메밀 베개처럼 체형에 맞춰지는 베개를 벤다.

3. 골반이 틀어지지 않도록 바르게 눕는다.

4. 두 팔과 다리는 자연스럽게 편다.

몸태를 살리려면, 일단 뚫어라?

우리나라 공직사회에서는 한 사람의 공직자가 특정 지역이나 보직에 머물지 않도록, 일정 기간을 근무하면 다른 지역으로 가거나 새로운 보직을 배정하는 '순환근무제'가 시행되고 있다. 한 사람이 특정 지역에 특정 보직으로 장기간 근무하게 되면 조직이 침체될뿐더러 부정부패가 생길 가능성이 커진다는 다년간의 경험(?)에 기초해 수립된 정책일 것이다.

그런 의미에서 '고인 물은 썩는다'는 옛말이 순환근무제에 타당성을 부여해주는 가장 적절한 말이 아닐까 싶다.

'움직이지 않으면, 문제가 생긴다.' 이는 우리 몸도 마찬가지다. 우리 몸의 순환은 크게 두 가지로 나누어 살펴볼 수 있다. 하나는 익숙한 '혈액 순환'이고 다른 하나는 '림프순환'이다.

혈액은 폐에서 흡수한 산소와 위장에서 흡수한 영양분을 온몸의 세포로 실어 나르는 역할을 한다. 이 과정에서 열에너지를 생산함으로써 우리 몸에 퍼진 탁한 공기와 노폐물을 회수해 배설하는 과정까지 광범위하게 작용한다. 그야말로 '열일'을 한다.

림프액은 혈액의 단짝 친구다. 혈액과 함께 온몸 구석구석을 돌아다니며 체내에 축적된 암세포를 비롯해 각종 독소와 노폐물을 치울뿐더러, 세균과 바이러스를 사냥하는 용맹함까지 보여준다. 쉽게 생각하면 혈액은 상수도, 림프액은 하수도라고 볼 수 있다.

물이 잘 흐르지 못하면 물이 고여 썩게 되고, 말로 다 할 수 없는 악취가 난다. 마찬가지로 우리 몸에서 혈액과 림프액이 제대로 순환하지 못하면 노폐물이 제때 배출되지 못해 부종이 생기기 쉽다.

'저는 그냥 잘 붓는 체질이에요' 혹은 '어느 정도 살도 있고 해야 사람이 푸근해 보이죠.', '손발이 차야 마음이 따뜻한 사람이라고 하잖아요.' 이런 근거 없는 달콤한 말들로 자신의 몸 상태에 질끈 눈을 감고 있진 않은지 따져봐야 할 때다. 몸속 구석구석 보이지 않는 곳에 정체되어 있는 부분이 있다면, 뚫어야 한다. 그래야 몸이 살고, 몸이 살아야 몸태가 산다!

이렇게 우리 몸의 순환이 활발해지게 만들었다면 우리의 공통된 목표인 '다이어트'를 시작할 수 있는 몸이 되는 것이다.

건강을 위한 것이든, 미용을 위한 것이든 다이어트는 이제 남녀노소의 '영원한 숙제'가 되었다. 이는 의사들에게도 예외가 아니다. 그렇다면, 타인의 질병과 체중을 관리하는 '비만 전문가'들은 어떻게 다이어트를 할까?

그들은 하나같이 입을 모아 말한다. 다이어트의 핵심은 **체형**을 바로잡는 것이라고 말이다. 자세만 바르게 유지해도 기초 대사량을 높여 체중 감량 효과를 볼 수 있을뿐더러, 전신 건강의 출발점이 바로 자세에 달려 있다는 것이다. 단지 체중을 몇 kg 감량하고 말고의 문제가 아니다. 나쁜 자세는 체형의 변화를 가져오고, 변형된 체형은 체중을 증가시키는 악순환을 야기한다.

체형을 바로잡기 위해서 주목해야 할 것이 있다. 바로 자신의 체형을 파악하고 어느 부위를 중점적으로 관리해야 하는지 알고 그에 따른 생활습관을 개선해 나가는 것이다.

20세기 초 독일의 정신병리학자 에른스트 크레치머는 사람의 골격에 따라 체형을 3가지 유형으로 구분했다. 키가 작고 어깨 폭이 좁은 데 비하여 몸통이 굵은 비만형, 키가 크고 뼈나 근육의 발달이 잘 안 돼 가늘고 긴 형인 세장형, 이 둘의 중간형으로 어깨 폭이 넓고 근골이 건장한 투사형이 그 세 가지다.[4]

1. 비만형

이 체형의 경우에는 전반적으로 체지방과 근육의 양이 많은 편에 속한다.

특히 뼈 역시 다른 체형보다는 굵은 편이라고 할 수 있다. 이에 비해서 어깨는 좁고 팔다리는 짧은 편이다. 이런 사람들의 경우에는 쉽게 살이 찌는 체형이라고 할 수 있는데 특히 아랫배나 엉덩이 쪽에 살이 잘 붙는다. 게다가 한번 살이 찌게 되면 잘 빠지지 않는다. 특히 탄수화물을 많이 섭취하게 되면 쉽게 저장을 시키는 경향이 크기 때문에 탄수화물 섭취에 각별한 주의가 필요하다.

2. 세장형

　세장형의 경우 타고나게 마른 사람이라고 할 수 있다.

　특히 뼈와 관절의 크기가 작고 가슴이나 배는 납작하다. 전반적으로 패션모델이나 발레리나 등에서 주로 나타날 수 있는 체형이며 이런 사람들은 살을 찌우는데 어려움을 느낀다. 하지만 이에 비해서 나이가 들기 시작하면 체형 역시 바뀌는 경우가 많기 때문에 지방이 쉽게 붙는 경우도 있다. 노화 과정으로 인해 근육이 잘 생성되지 않아 다른 체형보다 지방이 쉽게 불어나기 때문에 원래 마른 체형이라고 생각을 했다가 내장지방에 대한 관리가 소홀할 수 있으니 주의가 필요하다.

3. 투사형

  이 체형의 사람들은 대체로 어깨가 넓고 허리가 가늘며 체지방 수치 역시 낮아서 꽤나 탄탄한 몸을 갖고 있다. 특히 축구선수나 단거리를 뛰는 육상 선수들이 가지고 있는 체형이라고 할 수 있다. 이런 사람들은 체력을 타고 나기는 했지만 살이 쉽게 찌기도 하고 반대로 마음만 먹으면 살이 쉽게 빠지기도 한다. 다른 체형에 비해 근육을 만드는 게 굉장히 쉬운 체형이기 때문에 꾸준한 운동을 통해 근력을 쌓는 것이 중요하다.

우리 이제 그만 헤어지자… 셀룰라이트!!

옷이 얇아지고 맨살이 드러나는 계절이 다가오면, 다이어트나 운동에 대한 관심이 높아지는 동시에 **셀룰라이트**에 대한 여성들의 관심도 커진다.

특히 허벅지 부위에 밀집해 있는 울퉁불퉁한 살을 어떻게든 가리거나, 없애버리고 싶은 마음에 서둘러 피부과를 찾거나 무작정 다이어트를 하는 등 저마다의 고군분투가 시작되는 것이다.

체중이 많이 나가든, 적게 나가든 나이가 들었든 안 들었든 셀룰라이트의 늪에서 벗어나기란 쉽지 않다.

팔뚝이나 허벅지 등을 꽉 잡았을 때 마치 오렌지 껍질처럼 오돌토돌하게 만져지는 것이 바로 셀룰라이트이다.

그런데 여기서 한 가지 짚고 넘어가야 할 것이 있다. 지금까지 셀룰라이트를 그저 '울퉁불퉁한 지방 덩어리' 정도로 생각해왔다면 그건 셀룰라이트를 너무 띄엄띄엄 본 것이라는 사실이다.

실제로 셀룰라이트는 보기에 좋지 않을 뿐 아니라 건강의 적신호이기도 하다. 몸에 셀룰라이트가 많아졌다면, 건강하게 지내라는 경고등이 켜졌다고 생각하면 될 것이다.

셀룰라이트는 '여성 진행성 섬유성 부종'이라고도 불리는데 이름에서도 알 수 있듯이 이는 보통의 지방과는 다르다. 지방과 몸속의 노폐물이 엉켜 붙어 훨씬 단단해지고 밀집된 결과물이 바로 셀룰라이트인 것이다.

사실 셀룰라이트는 살이 찌거나 마른 것과 상관없이 누구에게나 생길 수 있다. 주로 혈액 순환이나 림프순환에 이상이 있을 경우 지방과 체액, 콜라겐 섬유, 노폐물 등이 뭉쳐 섬유 조직이 지방을 둘러싸면서 셀룰라이트가 형성되기 때문에 마른 여성이라고 해서 셀룰라이트가 없고, 통통한 여성이라고 해서 셀룰라이트가 많다고 볼 수 없다.[5]

그런데 고약한 것이, 이 셀룰라이트는 눈에 잘 보이지 않는 허벅지 뒤쪽이나 팔 아래쪽 혹은 뱃살 같은 부위에 주로 분포하기 때문에 꾸준히 관리해주기가 쉽지 않다.

셀룰라이트와 이별하는 첫 번째 방법은 '몸을 따뜻하게 하는 것'이다. 초기의 셀룰라이트는 몸속의 정체된 수분을 흡수해서 부종 형태로 있다가 순환이 더 악화되면 지방 조직과 뭉쳐 이른바 '부종형 섬유화'가 진행된다. 이때 산소 공급과 혈액 순환이 제대로 되지 않아 차갑고 딱딱한 상태로 굳어지는 것이 셀룰라이트의 탄생과정이라는 것을 기억하시라.

잘못된 식습관이나 생활 습관으로 심장 순환계나 소화기관에 문제가 있거나 체온이 낮은 사람일 경우 차가운 조직에 자리 잡기 좋아하는 셀룰라이트의 좋은 '표적'이 되기 쉽다. 따라서 미온수를 하루 10잔 이상 마셔서 혈액 순환을 돕고 유산균을 꾸준히 섭취함으로써 장 건강을 챙기는 것도 셀룰라이트 제거에 도움이 된다. 또한 차가워지기 쉬운 복부 부위를 전체적으로 감싸줄 수 있는 디자인의 기능성 속옷을 착용해 체온을 따뜻하게 유지하는 것도 셀룰라이트와 이별하는 탁월한 수단이라는 것을 기억해두자.

그렇다면 더 적극적으로 셀룰라이트를 관리하는 방법은 무엇일까?

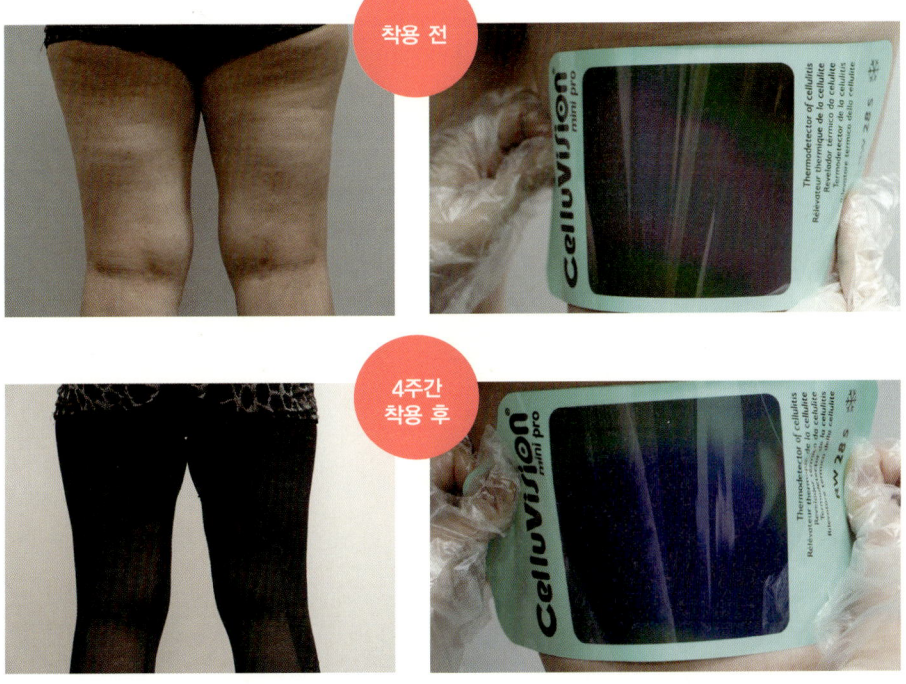

ettim 슬림 스팻츠를 착용한 후 셀룰라이트의 변화

셀미터(Cell-Meter)란?
셀룰라이트의 단계를 정확하게 측정할 수 있는 셀룰라이트 전문 측정기이다.
측정 기준은 최고단계인 4단계(검은색)부터 셀룰라이트가 가장 적은 0단계(파란색)까지 있다.

셀룰라이트가 만들어지기 좋은 환경을 없애는 것이다. 즉 림프순환을 활발하게 해주는 것이 셀룰라이트와 이별하는 가장 근본적인 해결책이다. 림프가 정체될수록 부종이 생길 가능성이 커지고, 그만큼 셀룰라이트가 만들어지기 좋은 환경이 되기 때문이다. TV를 시청하거나 독서를 하는 틈틈이 림프순환을 돕는 생활 마사지를 실천해보자.

 이런 노력과 함께 활동 시 몸의 움직임에 따라 마사지 느낌까지 받을 수 있는 기능성 원단의 속옷을 착용하는 것도 좋은 방법 중에 하나일 것이다.

체중계 대신 거울을 보라!
놀라운 기능성 속옷 눈바디

늘 몸 안에서는 살이 빠질 준비, 살이 찔 준비를 하고 있다. 체중 변화는 없어도 우리 몸을 구성하는 체성분이 달라지면 외형 변화를 일으키기 때문이다. 체중이 같다고 실망하거나 반대로 안심해서는 안 되는 이유가 여기에 있다. 혹시 다음과 같은 신호가 온다면 바로 몸이 살찔 준비를 하고 있다는 것으로 해석해도 된다.

- 조금만 움직여도 숨이 찬다.
- 양말, 속옷 자국이 오래 남는다.
- 입맛이 돌고 뭘 먹어도 맛있다.
- 몸이나 얼굴이 붓고 무거운 느낌이 든다.
- 자꾸 편한 옷 위주로 꺼내 입는다.
- 푹 자도 피곤하고 누워있는 게 편하다.
- 밥 먹을 때 혀나 볼을 자주 씹는다.
- 거울 속 내 모습을 똑바로 못 본다.

오늘 당신은 몇 번이나 전신 거울 앞에 섰는가? 혹은 당신은 최근에 한 번이라도 전신 거울 앞에서 자신의 몸매를 체크 해 본 적이 있는가?

다이어트와 떼놓을 수 없는 것이 바로 체중계다. 요즘은 체중계에 올라가기만 하면 체중뿐만 아니라 내 몸의 골격 근량부터 체지방률, 내장지방 레벨, 기초 대사량까지 온갖 정보를 한 번에 알 수 있는 세상이다. 하지만 다이어터들 사이에서 그에 못지않게 중요한 것이 있었으니, 바로 '눈바디'다. 국내 체성분 분석기 브랜드의 이름과 '눈'을 합친 신조어인데, 말 그대로 거울 속에 비친 자신의 몸 상태를 매일 눈으로 체크 해 몸매 관리 지표로 삼는 것이다.

몸무게는 그저 숫자일 뿐이라고 생각하면서도 체중에 연연하다가 음식에 대한 거부감, 대인관계에 대한 불편함이 커지는게 너무 힘들었던 사람들에게 눈바디는 의외로 체중 관리를 지속할 수 있는 원동력이 된다.

이미 한껏 미워진 몸, 눈으로 체크 해봐야 뭐하냐고 반문할 수 있다. 하지만 누누이 강조해왔듯이, 우리 몸 경영을 어떻게 하느냐에 따라 충분히 달라질 수 있다. 게다가 눈바디는 스스로 하기 힘든 다이어트의 '동기 부여'에 효과적이다. 실제로 스페인의 알리칸테대학 연구진은 '눈바디'의 효과를 증명하기 위해 흥미로운 연구를 진행했다. 콜롬비아 내 체중 감량 프로그램 참가자 271명을 대상으로 16주간 매주 체질량지수(BMI)와 복부 및 엉덩이 비율(WHR) 등을 측정하고 몸매가 드러나는 전신사진을 촬영하도록 한 것이다.[6]

참가자의 90%가 이 프로그램을 끝까지 이수했고 이들 중 71.3%는 처음에 스스로 세웠던 목표 체중까지 감량하는 데 성공했다. 실제로 몸매가 드러나는 전신사진을 지속적으로 찍어 매일 자신의 몸매 변화를 비교할수록 자신이 감량하기로 한 목표치에 도달할 확률이 높아진다는 사실을 입증한 것이다. 이 프로그램에 참가한 이들 중 대다수는 "콜레스테롤 수치 등 눈에 보이지 않는 데이터보

체중계 No! ettim 눈바디 Yes!

다 내 전신사진이 살을 빼는 데 더 동기부여가 됐다."고 말했다는 점을 눈여겨볼 필요가 있다.

　눈바디의 장점은 이뿐만이 아니다. 자신의 몸을 마치 제3자가 된 듯 객관적으로 바라볼 수 있다는 이점이 있다. 예를 들어 똑같은 55kg의 체중을 가진 사람이라도 해도 누구는 허벅지가 두꺼워서, 또 누구는 유난히 빠지지 않는 뱃살이 고민일 수 있다. 식습관과 꾸준한 운동으로 체중계의 눈금이 가리키는 숫자는 눈에 띄게 줄었지만 콤플렉스인 특정 부위의 살이 빠지지 않아 고민일 때, 눈바디는 냉정하게도 집중 운동이 필요한 부위를 콕 집어 알려준다. 아무리 비싸고 성능이 우수한 체중계라 할지라도 우리 눈의 '예리함'을 따라잡을 수는 없는 모양이다.

그대, 다이어트에 자꾸 실패하는가? 다이어트가 한없이 어렵게 느껴지는가? 살은 빠졌지만 꿈꿨던 몸매와는 거리가 멀어 실망스러운가? 오늘부터 눈바디를 시작해보기를 추천한다. 사진이나 영상으로 촬영해두고 굳이 누군가에게 보여주지 않아도 괜찮다. 나를 위해 내 몸의 변화를 기록해두는 것 그 자체만으로도 눈바디는 충분히 의미 있는 일이 될 것이다. 물론, 내 몸의 실루엣을 잡아 줄 **기능성 속옷**과 함께라면 눈도 즐겁고, 마음도 즐거운 눈바디를 남길 수 있다는 것은 두말하면 잔소리다. 기능성 속옷을 입고 하는 눈바디를 꾸준히 하면 자신의 체형을 객관적으로 파악할 수 있을 뿐 아니라, 어느 부위에 살이 붙었는지, 어느 부분에 균형이 무너졌는지 한층 더 적나라하게 관찰할 수 있다.

단, 눈으로 봐도 흉하면 흉한 것이라는 눈바디 명언만큼은 꼭 새겨 두시길.

Part 2

내 몸의 기초 화장품,
속옷으로 몸매 경영

속옷은 '제2의 피부'

여러분이 속옷 가게에 들어갔다고 상상해보라. 중요한 일을 앞두고 새 속옷을 장만하기 위해 매장에 들른 당신. 당신은 어떤 기준을 가지고 속옷을 고를 것인가? 기능성이나 실용성을 먼저 고려할 것인가, 디자인이나 에로티시즘을 먼저 생각할 것인가? 대부분의 사람들은 속옷을 고를 때 '그냥 내 몸 사이즈에 맞는 것' 내지는 '색상' 정도만 고려하는 경우가 다반사다. 좀 더 솔직히 말하자면 '속옷을 고르는 기준이 딱히 없는' 사람도 적지 않다.

앞서 필자가 제시한 질문으로 돌아가 보자. 당신이 속옷을 고르는 기준은 무엇인가? 기능성 vs 심미성. 사실 우리는 이 질문에서부터 오류를 찾아낼 수 있어야 한다. 둘 중 하나를 선택하는 것 자체가 잘못되었기 때문이다! 속옷은 기능과 미학 두 가지 모두를 충족시켜야 '진정한 속옷'이라고 할 수 있다. 둘 중 하나를 포기하는 것은 속옷이기를 포기한 것과 마찬가지다.

그렇다면 인간은 언제부터 진정한 속옷을 입기 시작했을까? 구약성서 창세기 3장으로 거슬러 올라가 보자. 에덴동산에서 금단의 과일을 입에 댄 아담과 이브는 서로의 육체가 다르다는 것을 알게 되자 당황하고 부끄러워하며 무화과 나뭇잎으로 자신들의 중요 부위를 가렸다고 한다. 이들이 가린 무화과 나뭇잎이야말로 속옷의 개념을 알린 시초가 아닐까?

속옷의 유래는 고대 이집트에서도 찾아볼 수 있다. 직물 기술이 발명되어 '로 잉스'라는 직물을 생산했는데 이것이 오늘날 속옷의 원형이 되어 팬티에서부터 슬립으로 발전하게 되었다는 가설이 있다. 고대 로마인들 또한 나체를 보는 것을 악한 일로 여겨 '튜닉'이라는 속옷과 '토가'라는 상의를 걸치고 다녔다고 한다. 아직도 오지의 원주민이 최초의 인류인 아담과 이브가 보여준 이 차림새를 이어오고 있는 것을 보면 인류의 속옷이 '나뭇잎'에서 시작되었다는 주장도 분명 일리가 있다.

그런데 조금 냉정하게 생각해보면, 아담과 이브가 부끄러움에 눈을 뜨고 나서 급히 엮어 가린 나뭇잎은 속옷이라기보다는 겉옷에 가깝다고 볼 수 있다. 그렇다면 여기서 또 한 가지 궁금증이 생긴다. 속옷과 겉옷은 언제부터 다른 개념으로 분리된 것일까? 정확히 그 시대를 짚어내기는 어렵지만, 한 가지 확실한 것은 있다. 지위가 높고 부와 명예를 가진 사람일수록 많은 가짓수의 옷을 입었다는 것 그리고 중세시대 이후 여성들의 치마 속이 아주 복잡해졌다는 사실이다.

인류의 문명이 발달해감에 따라, 속옷의 역할도 다양하게 변모해왔다. 단순히 겉옷의 형태를 유지하기 위한 '보완재'에 머물렀던 속옷의 역할이 점차 피부의 청결을 지키는 '건강 지킴이'로 인식되기 시작하더니, 이성을 유혹하기 위한 '에로티시즘의 대명사'가 되고, 신분이나 계급을 구별하는 '기준'이 된 시절도 있었다. 그리고 현대사회에서 속옷은 '패션' 그 자체가 되었다.

인류가 속옷을 제대로 입기 시작한 초창기부터 속옷의 주 소재로는 순면과 실크가 주로 사용되었다. 피부에 바로 닿는 것이니만큼, 부드러운 소재를 사용하여 연약한 피부를 보호하고 보온성과 쾌적함을 얻고자 한 것이다. 더불어 요즘처럼 매일 아침저녁으로 몸을 씻을 수 있는 여건이 되지 않았던 고대 시대에 속옷은 겉옷과 피부 사이에 '가림막'을 만들어줌으로써 외부에서 오는 오염으로부터 피부를 보호해주었을 뿐만 아니라, 겉옷에 배기 쉬운 악취와 각종 오물로부터 속살을 보호하는 기능을 충실히 감당했다.

우리 몸은 일반적으로 옷 안의 온도가 약 32℃(±1℃), 습도가 약 50%(±10%) 이내일 때 쾌적함을 느낀다고 한다. 그런 점에서 속옷은 우리 몸의 '쾌적 필터'라고 해도 과언이 아니다. 속옷은 피부의 땀을 빨아들이는 흡습 기능과 동시에 흡수한 땀을 공기 중으로 배출시키는 투습 기능을 함으로써 우리 몸이 적정 온도와 습도를 유지할 수 있도록 돕는다. 또한 인체가 일정한 체온을 유지하도록 하는 보온 기능은 속옷의 빼놓을 수 없는 기능 중 하나다. 땀과 열은 물론 악취까지 효과적으로 커버해줄 수 있어야 진정한 속옷이라고 할 수 있을 것이다. 물론 입는 사람의 마음뿐만 아니라 사랑하는 사람의 마음도 사로잡을 수 있는 매혹적인 아름다움을 갖춰야 하는 것은 두말하면 잔소리다. 이로써 우리는 속옷의 역사와 기능을 단기속성으로 훑어봤다.

이제부터는 좀 더 실용적인 이야기를 시작해보고자 한다. 속옷을 단지 '겉옷 안에 입는 옷'이라고만 여겨왔다면, 우리가 함께 살펴볼 이야기들을 통해 당신의 생각이 속옷은 '겉옷보다 중요한 옷'으로 바뀔 수 있길 간절히 소망한다. 자, 필자와 함께 지금까지 당신이 몰랐던 속옷의 흥미진진한 세계로 나아갈 준비가 되었는가? 시간이 됐다. Here We Go!

속옷을 제대로 입으면 성공을 부른다

'좋은 구두는 좋은 곳에 데려가 준다.'는 말이 있다. 좋은 옷과 내 맘에 드는 신발은 누군가에게 보여주고 싶은 마음이 든다.

그렇다면 속옷은 어떨까? 필자는 당당하게 말할 수 있다. '좋은 속옷은 당신을 더 좋은 사람, 더 자신감 넘치는 사람으로 느끼게 해준다.'고 말이다.

우리는 보통 속옷을 고를 때 자기 자신보다 타인, 즉 상대방에게 어떻게 보일까를 먼저 생각하는 데 익숙하다.

그럼 보여줄 사람이 없다면 좋은 속옷을 입는 것이 무의미한 일일까?

미국의 심리학자 다니엘 포르쉬는 "과거에 좋은 속옷은 파트너를 위해 입는 것이라는 인식이 강했지만 이제는 시대가 변했다. 여성은 스스로 선택해서 원하는 속옷을, 원하는 시간과 장소에서 입고 있다."고 말한다. 그렇다. 이제 여성들의 속옷은 더 이상 남성의 취향을 위한 것이 아니다.

아무도 보지 않아도 좋은 속옷을, 그것도 세트로 차려입으면 자존감이 높아지고 자신감이 생긴다는 사실은 이미 행동 심리학자들에 의해 입증된 사실이다. 좋은 속옷을 입을 때는 눈에 보이지 않는 변화뿐만 아니라, 실제 행동에도 변화가 생긴다. 걸음이 당당해지며, 자세와 말투 그리고 손짓까지 한층 더 매력적으로 바뀐다. 그 이유는 무엇일까? 좋은 속옷을 입음으로써 자신만이 아는 '자신감의 근원' 이른바 **내적 자신감**이 생겼기 때문이다.[7] 필자는 이것은 '믿을 구석'이라고 표현하고 싶다. 남들은 모르는 자신만의 '믿을 구석'이 생겼다는 것은 얼마나 멋지고 든든한 일인가?

자신감을 가지고 말하면 듣는 사람들도 긍정의 에너지를 느끼게 된다. 또한 말의 내용은 같더라도 자신감 있는 사람의 말은 묘한 설득력을 가진다. 뿐만 아니라 좋은 속옷을 입는 것은 정신 건강에도 적잖은 영향을 미친다. 스스로 자신이 매력적이라고 느끼게 됨으로써 우울감에 시달릴 일이 적어지는 것이다.

특정한 옷을 입었을 때 특히 기분이 좋아지는 경험을 누구나 한 번쯤은 해봤을 것이다. 그것은 누군가 자신을 쳐다보거나, 누군가에게 보여주지 않아도 느껴지는 기분 좋은 감정이다. 즉 어떤 옷을 입는지에 따라 자신이 스스로를 바라보는 인식이 바뀌기 때문이다. 핏이 넉넉한 옷을 입으면 행동이 한결 편안해지고, 정장을 갖춰 입으면 좀 더 정중하고 점잖게 행동하게 되는 것과 같은 맥락이다. 소비자 심리전문가인 케이트 나이팅게일은 이러한 현상을 '복장 인식'이라는 개념으로 정리했다.[8]

무심코 길을 걷다 보면 유독 눈에 띄는 여성들이 있다. 특별히 명품 옷을 입은 것도 아니고, 외모가 유별나게 뛰어난 것도 아닌데 마치 향수 향기가 퍼지듯 어딘지 모르게 '당당함의 아우라'가 쏙 풍기는 사람들 말이다. 그런 사람을 만날 때면 나도 모르게 이런 생각이 든다. '저 사람은 속옷까지 분명 멋질 것이다.'라고.

필자가 중동 지역에 출장 갔을 때, 부르카(눈 부위를 제외한 몸 전체를 천으로 감은 이슬람 전통 의상)를 쓴 현지 여인들의 속옷을 보게 된 적이 있다. 이슬람권 여성들은 신체 노출을 극단적으로 최소화한 부르카 차림이었는데도 불구하고, 놀랍게도 속옷은 화려한 컬러의 명품 속옷을 착용하고 있었다.

연구에 의하면, 생각보다 많은 여성이 과감한 속옷을 입는 것을 통해 지루한 일상에서 '도전 정신'을 찾는다고 한다. 다른 사람의 시선을 의식하느라 겉옷을 화려하게 차려입지는 못하겠고, 대신 남들이 안 보는 속옷이라도 자신의 취향대로 갖춰 입음으로써 만족감을 느끼는 것이다. 이런 점에서 속옷은 한 개인의 '진짜' 정체성을 드러내는 도구라고 해도 과언이 아닐 것이다. 이렇게 속옷을 잘 차려입었을 때, 자신의 정체성을 마음껏 표출할 수 있을 뿐 아니라 회사나 사회가 규정해놓은 틀에서 벗어나 자유로움을 만끽할 수 있다. 이는 스트레스 해소에도 도움이 된다고 하니, 이번 주말에는 남편과 자녀들을 뒤로하고 나 자신을 위한 속옷 쇼핑에 나서보는 건 어떨까? 단언컨대 자신감 넘치는 모습을 되찾을 뿐 아니라 당신이 원하는 '성공'을 한 걸음 더 앞당기게 될 것이다.

스트레스 날려주는 속옷이 따로 있다?

요즘 당신은 무엇 때문에 스트레스를 받고 있는가? 스트레스의 원인은 다양하다. 운동을 해도 해도 빠질 생각이 없는 뱃살이 원인이 될 수도 있고, 한때 죽고 못 살아서 결혼했지만 영영 '남의 편'이 되어버린 것 같은 남편이 스트레스의 원인이 될 수도 있겠다. 그런데 인체에 스트레스를 주는 요인들 중에는 '속옷'도 있다. 일명 '안 입느니만 못한 속옷'이다. 이런 속옷은 피부에 땀이 차게 하고 그로 인해 악취를 풍기게 만든다. 또 열을 배출시키지 못해 더위가 더 심해지게 하고 몸에 달라붙어 불쾌감을 주기도 한다.

이런 일이 생기는 이유는 크게 두 가지가 있다. 우선 속옷으로 적합한 소재를 사용하지 않았기 때문이고, 다음으로는 소재가 좋다 하더라도 자신의 몸에 맞지 않는 사이즈의 속옷을 입었기 때문이다. 대부분의 여성들이 겉옷을 살 때는 자신의 몸에 맞는 제품을 세심하게 고르는 데 반해, 속옷은 눈짐작으로 사이즈를 대충 체크하고 무심코 구매하는 경우가 많다. 하지만 자신의 몸 사이즈에 맞지 않는 속옷을 입었을 때 몸이 느끼는 스트레스는 생각보다 대단히 크다.

예를 들어 자신의 발보다 작은 사이즈의 신발을 하루 종일 신었을 때를 상상해 보자. 그 불편함과 피로감 심지어 통증까지 유발해 얼마나 괴로운가! 날씬해 보이고 싶다는 이유로 억지로 자신의 치수보다 한 치수 작은 사이즈의 속옷을 사는 경우가 있다. 결론부터 말하면 작은 속옷은 오히려 몸의 라인을 무너뜨려 전체적인 균형을 깨뜨린다. 단 하루만 사이즈가 작은 속옷을 입어도 우리 몸은 조여드는 심한 압박과 스트레스를 받는다. 그런데 하루가 아니라 장기간 이런 오류를 범한다면 어떻게 될까?

우리 몸은 심한 압박을 지속적으로 받을 경우 중추신경계의 정보처리 속도가 떨어져 혈류 장애나 혈압 상승 등 부정적 신체 반응을 나타낸다. 또한 체온 조절 기능이 저하되고 어깨 결림 등 신체적 부작용이 나타남으로써 정상적인 생활을 하는데 어려움을 일으킨다. 뿐만 아니라 작은 속옷을 무리하게 입음으로써 (혹은 자신에게 딱 맞는 사이즈라고 착각하면서 작은 사이즈의 속옷을 입을 경우) 피부가 압박을 받아 내장 변형의 원인이 된다는 조금은 살벌한 의학계의 연구도 있다는 사실을 잊지 말기를 바란다.

다시 한번 강조하지만 피부를 압박하는 속옷은 심장박동 속도를 저하시키고 체온 조절기능을 떨어뜨릴뿐더러 집중력까지 약화시킨다.

우리의 몸은 자율신경계와 내분비계 그리고 면역계가 조화를 이루며 체계적으로 돌아가야 하는데, 촉감이 부드럽지 못하거나 심하게 피부를 압박하는 속옷은 자율신경계와 중추신경계의 활동을 억제해 정상적인 생활을 불가능하게 만든다. 이 정도면 나쁜 속옷이 우리 몸에 미치는 악영향은 요즘 말로 '빌런급'이라고 해도 과언이 아닐 것이다. 이러한 속옷의 영향은 성인 여성뿐 아니라 생리기능이 발달하는 단계에 있는 유아와 사춘기 청소년들에게 더욱 크게 나타난다.

몇 년 전 일본의 한 연구소에서 유치원 아이들을 대상으로 흥미로운 실험을 진행했다. 실험의 주제는 '속옷의 부드러움의 차이가 유아의 내분비계와 면역 기능에 미치는 영향에 대한 것이었다. 유치원 아동 20명을 두 그룹으로 나눈 뒤, 부드러움의 등급이 다른 두 종류의 속옷을 이틀 동안 두 그룹의 아이들에게 입했다. 그 결과 덜 부드러운 속옷을 입은 아이들이 최고로 부드러운 속옷을 입은 아이들에 비해 스트레스 지수가 높아졌고 면역력은 오히려 낮아진 것으로 나타났다.

연구팀은 스트레스 수치의 차이가 아주 근소하기 때문에 아이들이 즉각적으로 느끼기는 어려우나 이것이 장기화될 경우 각종 질병으로 나타날 수 있다고 경고했다. 소재가 좋지 않거나 몸 사이즈에 맞지 않는 속옷을 오랫동안 착용할 경우 자신도 미처 인지하지 못하는 사이에 스트레스가 가중되어 집중력이 떨어질뿐더러, 면역력 저하로 각종 질병에 노출될 가능성이 높고 이는 학습 능력의 저하로 이어질 가능성이 크다는 것이다.

우리는 살아가면서 크고 작은 스트레스에 시달린다. 이런 저런 이유로 병원에 가면 '스트레스를 줄이세요.'라는 간단명료한 처방을 심심찮게 듣는다. 하지만 외부에서 오는 스트레스를 받기 싫다고 안 받을 수가 있나! 그렇다면 자신이 조절할 수 없는 것은 어쩔 수 없다 하더라도, 스스로 제거할 수 있는 스트레스의 원인은 얼른 싹을 잘라버려야 할 것이다. 세상에 스트레스받을 일이 얼마나 많은데, 속옷 때문에 스트레스를 받아서야 되겠는가? 최상의 소재로 만들어져 부드러우면서도 자신의 몸 사이즈에 자연스럽게 밀착되는 잘 맞는 사이즈의 속옷을 찾는 것. 그것만으로도 인체 스트레스의 큰 부분이 제거된다는 사실을 잊지 말자. '값싸게 막 입을 수 있는 속옷'이 능사는 아니라는 것을 꼭 기억하길 바란다.

내 몸매를 부탁해, 보정속옷

이제는 어딜 가나 '셀카'를 찍는 사람들을 쉽게 발견할 수 있다. 분위기 좋은 카페에서, 드넓게 펼쳐진 멋진 풍경 속에서 또는 햇살이 좋은 길을 걷다가도 셀카를 남기곤 한다. 여러 각도에서 다양한 표정으로 공들여 찍은 셀카는 보통 메신저의 프로필 사진을 장식하곤 하는데 여기서 우리가 주목해야 할 점이 있다. 과연 프로필에 등장하는 사진은 '원본'일까? 대부분 '보정된 사진'인 경우가 많을 것이다. 얼마 전까지만 해도 눈은 크게 키우고 얼굴형은 달걀형으로 갸름하게 만드는 등 일률적인 보정법이 인기를 끌었지만, 이제는 아니다. 최대한 자신의 이목구비와 장점을 살리면서, 미세하게 단점을 커버하는 '한 듯 안 한 듯한' 보정법이 각광받는 시대다.

사진 속 얼굴은 보정 어플로 보정한다고 하고, 그럼 내 몸은 어떻게 보정할 것인가? 가장 쉬우면서도 확실한 방법은 내 몸에 알맞은 체형 보정속옷을 입는 것이다.

체형 보정속옷이란 간단히 말하면 '내 몸에 불필요하게 흩어져 있는 지방들을 제자리로 옮겨주어 아름다운 몸매를 만들어주는 파운데이션'이라고 정의할 수 있겠다. 그렇다면 흉내만 낸 보정속옷과 진짜 보정속옷을 어떻게 구분할 수 있을까?

단언컨대 좋은 체형 보정속옷은 '입어 봐야' 알 수 있다. 몸이 느껴야 하는 것이다. 좋은 보정속옷은 일단 입었을 때 몸매가 전체적으로 균형 잡힌 느낌이 들고, 각 신체 부위의 특성을 고려하여 인체공학적인 설계에 따라 만들어진 것이어야 한다. 개인의 체형에 맞는 보정속옷을 입게 되면, 무조건 다이어트로 없애려고만 했던 피하지방이 제자리를 찾아가면서 볼륨 있는 가슴과 힙은 물론, 잘록한 허리라인을 만드는 데에도 큰 도움을 받을 수 있다. 보정속옷을 통해 바디라인을 아름답게 잡아주면 겉옷의 옷맵시가 살아나는 건 두말하면 잔소리다.

보정속옷을 입어야 하는 이유는 이뿐만이 아니다. 몸에 잘 맞는 보정속옷은 몸에 무리한 압박을 가하지 않으면서 내장과 골격을 감싸주는 역할을 하기 때문에 신체 안팎을 효과적으로 보호해준다. 또한 근육에 적당한 긴장감을 줌으로써 마치 운동을 한 것과 같은 탄력감을 얻을 수 있다는 장점이 있다.

앞서 언급한 바와 같이, 보정속옷의 '서포트' 역할 또한 무시할 수 없다. 무심코 방치하면 처진 살이 되기 쉬운 피하지방을 볼륨감이 필요한 부위로 이동시켜 균형 있는 실루엣을 만들어줄 뿐만 아니라, 몸에 딱 필요한 만큼의 긴장감을 주어 '내 몸을 적절히 관리하고 있다'는 심리적 만족감도 느낄 수 있다.

내가 입는 속옷이 내 몸매를 만든다

여러 사람이 모이는 집안 행사나 중요한 업무 미팅 등 살아가면서 아름다운 옷맵시를 뽐내고 싶을 때가 종종 있을 것이다. 당장 다이어트를 강행한다 해도 최소 몇 주일은 걸리고, 일정은 얼마 남지 않았을 때 당신이 선택할 수 있는 가장 빠른 지름길은 '보정속옷을 선택하는 것'이다.

그런데 보정속옷은 일반 속옷을 고를 때와 달리 각별한 주의를 기울여야 한다.

보정속옷 자체가 신체의 특정 부분을 보정하는 기능이 강화되어 있기 때문에 반드시 속옷 매장 직원이나 전문가와 상의한 후 자신에게 필요한 기능이 탑재된 제품을 구입하는 것이 좋다.

예를 들어, 바디슈트는 가슴부터 엉덩이까지 이어져 몸의 전체적인 실루엣을 잡아주는 좋은 기능이 있지만, 말 그대로 하나로 이어져 있기 때문에 전체 길이에 제한이 있어 키가 아주 크거나 유난히 허리만 굵은 체형을 가진 사람에게는 적합하지 않다. 이런 경우에는 각 부위별로 치수를 재서 가슴, 허리, 엉덩이, 팔, 허벅지 등 사이즈가 잘 맞는 맞춤형 바디슈트를 착용하는 것이 몸매 보정에 효과적이다.

그러나 주의해야 할 점도 있다. 보정속옷을 장기간 착용하면 체형보정에 도움이 되는 효과는 있지만 몸에 일정한 압력을 가하는 것이므로 하루 종일 입는 것은 좋지 않다. 특히 잠자는 동안은 몸도 편안하게 휴식을 취해야 하므로 보정속옷을 벗는 것이 좋다.

최근에는 보정속옷 또한 보정력이 강한 하드 스타일보다는 실용성이 강조된 기능성 소재의 편안한 스타일이 트렌드가 되었다.

더 이상 보정속옷은 특정 계층이나 특정 연령대만의 전유물이 아니고 누구나 부담 없이 입을 수 있는 하나의 패션 아이템이자 매일 매일 입어도 몸에 무리가 되지 않는 건강 아이템이라는 사실을 잊지 않기를 바란다.

스페셜 언더웨어

아무도 가르쳐주지 않았던 10대 언더웨어

오늘날 40~50대 어머니들에게 자신의 어린 시절 속옷을 떠올려보라고 한다면, 아마 흰색 러닝셔츠와 빨간 내복 정도가 고작일 것이다. 사춘기가 시작돼 가슴이 봉긋이 솟아나면 부끄러워하며 그저 어른용 브래지어 중 가장 작은 사이즈를 꿰맞춰 입고 다닌 것이 필자가 자랄 때의 현실이었다. 그나마도 제때 브래지어를 착용하기 시작했다면 그나마 운이 좋은 것이었다. 대부분의 여학생들이 고등학교에 들어가서야, 심지어는 성인이 되어서야 제대로 된 속옷을 갖게 되는 경우가 비일비재했다. 그러나 요즘의 젊은 세대는 어머니 세대와 달라도 너무 다르다. 무엇보다 아이들 체형 자체가 예전과 확연히 차이가 난다. 평균 키와 몸무게가 늘어난 것은 물론이고 2차 성징도 이전 세대와는 비교가 되지 않을 정도로 빨리 나타나고 있다. 경제가 급속도로 발전하면서 생활 수준이 높아지고, 그에 따라 동물성 단백질을 충분히 섭취하다 보니 성장 호르몬의 분비가 촉진된 것이다. 또한 입식 주거 생활과 활발한 체육 활동, 충분한 칼슘 섭취 등으로 사춘기가 찾아오는 시기 또한 초등학교 고학년 즈음으로 훨씬 앞당겨졌다.

사춘기가 시작됐다는 것은 아동기의 속옷에서 벗어날 때가 되었음을 의미하

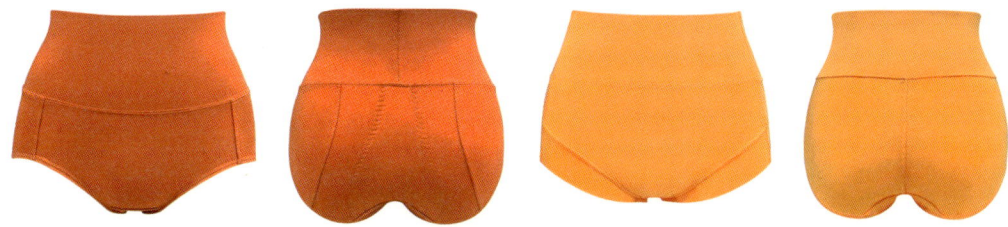
10대를 위한 언더웨어(주니어 팬티)

기도 한다. 이때가 어머니들의 각별한 관심이 필요한 시기이다. 물론 정서적으로도 아이를 잘 돌봐야 하지만, 신체적인 케어 역시 꼼꼼히 챙겨야 한다. 아이가 커서 어디에 내놔도 당당하고 균형 잡힌 몸매의 주인공이 될지, 평생 몸매에 대한 열등감을 가지고 살아가야 할지는 사춘기 자녀를 둔 어머니의 손에 달려 있다고 해도 과언이 아니다.

딸의 속옷을 선택하는 어머니에게

속옷은 겉으로 드러나지 않고 유행도 타지 않으므로 한번 속옷을 사면 이왕이면 오랫동안 입어야 한다고 생각하는 어머니들이 많다. 대형할인마트에서 세일하는 작은 사이즈의 브래지어를 한 묶음 사다가 두고두고 입히는 어머니들도 있다. 그리고 확신하건대 이 글을 읽으면서 '그게 뭐가 문제야?'라고 생각하는 분들도 적지 않을 것이다.

필자는 딸의 속옷을 대하는 일명 '바른 어머니상'을 일본 유학 시절 중에 찾을 수 있었다. 일본의 경우에는 사춘기 딸을 가진 어머니가 딸과 함께 속옷 전문매장에 가서 정확한 치수를 재고, 아이가 성장함에 따라 지속적으로 사이즈를 바꾸어 준다. 심지어 교복 코너에도 속옷 사이즈를 재주는 곳이 따로 마련되어 있을 정도다. 주니어는 성인과 다르게 성장기를 겪는 동안 몸에 많은 변화가 있기 때문에 성장 시기마다 알맞은 속옷을 선택해 입어야 한다는 생각에서이다. 일본에서는 이러한 생활 형태가 비교적 오래 전부터 이어져 내려왔다는 것이 주목할 만한 점이다. 일본 여성의 평균 가슴 사이즈가 B컵에서 C컵 사이로 다소 풍만하게 나타난 설문조사 결과만 놓고 보더라도, 이러한 결과가 일본여성들의 속옷 인식 문화와 결코 무관하지 않다는 것을 짐작할 수 있다. 이에 비교해 한국 여성의 가슴 형태를 도출한 결과, 납작형(Flat Bust)의 가슴이 50퍼센트를 넘은 것은 시사하는 바가 크다. 여자가 가슴이 작아야 한복이 예쁘게 어울린다는 생각에 가슴을 작게 보이려는 우리 문화도 한몫을 했을 것이다. 바로 이런 점이, 같은 동양권 여성임에도 불구하고 일본 여성의 가슴 크기와 모양이 한국 여성에 비해 더 아름답다고 평가되는 요인이 아니었을까.

어려서부터 어머니의 권유로 A컵 브래지어를 입어온 여성은 성인이 된 이후에도 사이즈의 변경을 시도하지 않는다. 자신의 가슴 사이즈는 당연히 영원토록 A컵인 줄로만 알고 잘 맞지 않는 것을 눈으로 보면서도 의식은 못 하는 것이다. 이렇게 어려서부터의 잘못된 속옷 착용이 절벽 가슴 또는 납작 가슴, 처진 가슴을 만들어낸다. 금쪽같이 소중한 딸을 예쁜 체형으로 성장시키고 싶다면, 아이가 성장했을 때 가슴이 작고 힙이 처진 미운 체형 때문에 스트레스받는 것을 보고 싶지 않다면, 잘못된 속옷 착용으로 등이 휘고 실제보다 키가 작아 보이게 하고 싶지 않다면, 청소년기의 속옷이 누가 봐도 아름다운 S라인의 예쁜 체형과 밀접한 관계가 있음을 깨달았다면, 10대 때부터 아이가 자신의 체형에 딱 알맞은 사이즈의 속옷을 입을 수 있도록 돕는 일을 게을리해선 안 될 것이다.

아이가 날씬하고 볼륨 있는 몸매를 가진 성인이 되어, 대중 앞에 나설 때도 당당하고 매사에 자신 있는 사람이 되었을 때, 아이는 어린 시절 제대로 '**속옷**

'서포트'를 해준 어머니에게 무한한 고마움을 느낄 것이다.

10대의 속옷이 왜 중요할까

10대 초반, 우리의 몸은 소녀에서 여자가 되기 위한 준비를 시작한다. 여성호르몬의 분비와 함께 가슴이 생기기 시작하며 음모와 겨드랑이 털이 나오기 시작하고 허리선도 윤곽이 잡혀간다. 생리도 나타난다.

십여 년 전부터 사춘기 소녀들의 신체 변화 시기가 빨라지면서 이런 변화들이 초등학교 3~4학년 이하의 아이들에게서 나타나고 있다. 이처럼 아이들의 신체 변화는 몰라보게 빨라졌지만, 이에 대처하는 성숙도는 신체의 성장 속도를 따라가지 못한다. 그렇기 때문에 어머니의 역할이 아주 중요하다. 우리 아이에게 적절한 속옷을 입혀주기 위한 단기속성 과외를 지금부터 시작해보자.

먼저 브래지어를 착용해야 할 적당한 시기는 언제일까? 첫 번째는 젖꼭지가 옷 위로 드러나기 시작할 때. 두 번째는 가슴에 몽우리가 잡힐 때. 세 번째로는 뛰거나 빨리 걸으면 가슴의 흔들림이 느껴질 때이다. 특히 통통한 체형의 아이들은 사춘기가 시작되면서 가슴에도 지방이 몰리기 시작하므로 아직 사춘기가 안 됐다 하더라도 주니어용 브래지어를 착용하는 것이 좋다.

이 시기의 사춘기 소녀들은 신체 변화와 함께 정서적인 혼돈기에 접어든다. 가슴의 발달은 본인이 느낄 뿐만 아니라 타인에게도 보여지는 부분이기 때문에 유방이 발달한 9~11세 소녀들은 유방 발육 이전의 소녀들보다 정체성의 발달이 빨리 이루어진다고 한다. 그렇기 때문에 10대의 속옷은 신체적으로 체형을 바로 잡아주는 것뿐만 아니라 정서적인 안정감을 주는 데도 중요한 역할을 한다고 할 수 있다.

10대 시절에 올바른 속옷을 입어야 하는 또 다른 중요한 이유가 있다. 잘못된 속옷은 미운 몸매를 만들 뿐만 아니라 작은 키와 구부정한 허리의 원인이 된다는 연구 결과가 바로 그것이다. 언젠가 한 대학병원 재활의학과 연구팀에서 서울 시내 여중고생 2천 명을 대상으로 '체형과 속옷의 관계'를 조사했는데, 그 결과 자신의 체형보다 사이즈가 작은 속옷을 착용하는 등 부적절한 속옷을 착용한 여학생들이 그렇지 않은 여학생들에 비해 척추가 휘거나 키가 작을 가능성이 큰 것으로 나타났다. 그런가 하면 몇 년 전에 방송됐던 SBS의 뷰티 관련 프로그램에서는 유명 탤런트들이 출연자 자신의 사춘기 시절을 회상했다. 그들은 자신이 사춘기 시절 입었던 속옷이 성장 후 자신의 체형에 어떤 영향을 미쳤는지에 대해 솔직하게 고백했고, 이 내용이 전파를 타면서 큰 화제를 불러일으켰다. 이 프로그램에 출연한 유명 탤런트가 고백하기를, 사춘기 시절 자신이 키가 작다는 이유로 무조건 가장 작은 브래지어를 착용했는데, 이것이 20대 후반인 현재 빈약한 가슴과 휘어진 등의 원인이 되었다는 것 그리고 그로 인해 실제 키보다 더 작아 보이게 한다는 것이었다. 반면 슈퍼 모델 출신인 한 탤런트는 사춘기 시절 자신의 체형이 변할 때마다 어머니가 섬세하게 속옷을 바꿔주었던 기억을 이야기하면서, 그 덕분에 자신이 가슴라인과 힙선이 아름다운 '글래머 몸매'를 가질 수 있었다고 회상했다.

이런 내용을 종합해보면 어머니들이 딸의 몸매에 대해 많은 관심을 가지고 딸이 성장할 때마다 속옷 사이즈를 바꿔주고 올바른 속옷을 입게 하는 것이 얼마나 중요한 결과를 가져오는가를 직감할 수 있다. 없어서 못 해 줬던 과거와 달리, 모든 것이 풍족한 21세기의 어머니들은 딸이 여성으로서 예쁜 체형으로 성장할 수 있도록 올바른 속옷을 골라주는 것이 '선택'이 아닌 '필수'가 되었다고 해도 과언이 아닐 것이다.

그래서인지 속옷업계의 동향 또한 주니어 란제리 시장으로 눈길을 돌리는 경향을 보이고 있다. 유명 속옷업체들이 앞다투어 1318세대를 겨냥한 주니어 란제리 제품을 내놓고 있으며 제품 개발과 홍보에 막대한 비용을 투자하고 있다. 이들이 겨냥하고 있는 소비층 또한 처음으로 브래지어를 착용하기 시작하는 10세(초 3)부터 체형이 대체적으로 자리를 잡는 16세(중 3)까지이다. 요즘 청소년들은 신체적인 성장이 빠른 만큼 자신의 주관도 뚜렷해져 속옷에 대해 많은 관심을 가지고 있는 만큼, 자녀의 관심사에 귀 기울이고 함께 속옷매장을 찾아 데이트를 즐긴다면, 친구 같은 모녀 사이가 되는 것은 시간문제일 것이다.

10대용 속옷은 어떤 것이 좋을까

사춘기의 체형은 성인의 체형과 근본적으로 다르다. 어른용 속옷 중 사이즈가 작은 것이 10대용이 아니라는 이야기다. 고민 끝에 필자는 40여 년 넘게 속옷 디자인을 해온 노하우를 바탕으로 전문 디자인 연구소와 청소년의 체형에 따른 국민표준 체위 계측 자료를 토대로 10대만의 패턴과 사이즈를 고안해냈다. 이는 이제 막 체형이 형성되는 청소년 시기에 걸맞은 체형의 특징을 고려하여 디자인과 색상 및 사이즈 설정을 새롭게 체계화한 것이다.

요컨대 주니어용의 란제리는 체형상의 특징뿐 아니라 소재와 부자재까지 성인용과는 달라야 한다는 것이 필자의 고집스런 생각이다. 특히 주니어 속옷은 소재부터 달라야 한다. 활동량이 많은 연령임을 고려해 신축성이 뛰어난 소재를 써야만 하고 하루가 다르게 성장해나가는 신체를 보정해줄 수 있을 만큼 단단한 소재여야 한다. 여기에 귀엽고 심플한 디자인은 필수다.

신부와 임산부의 언더웨어

아름다운 그대, 신부를 위한 언더웨어

　일생에 단 한 번뿐인 결혼식을 위해 선뜻 몇백만 원씩 하는 웨딩드레스를 고른다. 그럼에도 불구하고 안에 받쳐 입는 웨딩 속옷은 웨딩숍이나 플래너가 적당히 권해주는 것을 입는다. 여성 일대 최고의 날에 단지 웨딩드레스 안에 가려진다는 이유로 속옷을 아무거나 입는다는 것은 참으로 안타까운 일이다. 필자는 일생일대의 사건이라 불리는 결혼을 앞둔 경우, 평상시와는 다른 웨딩 속옷이 필요하다는 것을 정말 강조하고 싶다. 평생 동안 몸과 떨어지려야 떨어질 수 없어 제2의 피부라 불리는 속옷이야말로 여성의 희로애락을 함께하는 '절친'이라 할 수 있는데, 여성의 인생에서 가장 중요하고 아름다워야 할 순간에 이 '절친'을 결코 소홀히 해선 안 될 것이다.

　결혼은 새로운 인생을 여는 장이다. 결혼과 동시에 여성은 미혼 때와는 전혀 다른 인생을 맞이하게 된다. 낯선 성(性)과의 결합을 통해 새로운 세계를 경험하게 되고, 혼자일 때는 신경 쓰지 않았어도 될 현실적인 어려움과도 맞서 싸워야 한다. 그래서인지 결혼을 앞둔 여성들이 결혼 당일까지 극심한 스트레스에 시달리는 것은 시대가 달라져도 달라지지 않는 코스인 듯하다. 혼수 준비에서부터 신혼집 마련, 웨딩 촬영부터 양가 식구들 챙기기까지. 넘어야 할 산이 한두 가지가 아니다. 첩첩산중을 넘으면서도 아무래도 예비 신부에게 가장 신경 쓰이는 것은 '결혼식 당일'이 아닐까 싶다. 인생 최고의 날을 맞이해야 하는 신부로서는 웨딩드레스를 입는다는 것이 기쁘기도 하면서 동시에 크나큰 스트레스가 되기도 한다. 팔등신 미녀가 아닌 다음에야 여러 사람 앞에서 아름다운 신부의 자태를 뽐내야 하는 그날, 작은 가슴이나 굵은 허리 등 혹여나 자신의 신체적 약점이

드러날까 신경을 쓰지 않을 수 없기 때문이다. 평생 한 번 입어보는 웨딩드레스인 만큼, 많은 여성들이 설레는 마음으로 웨딩드레스를 입어보지만, 정작 자신의 신체적 콤플렉스를 신경 쓰느라 온전히 그 기쁨을 누리지 못하는 경우가 다반사다. 혹은 나만의 웨딩드레스를 갖겠다고 선뜻 드레스를 구매했다가 부피도 크고, 딱히 꺼내 입을 일이 없어 처치 곤란의 애물단지로 전락하는 것을 필자는 주변에서 심심찮게 목격했다.

그에 비하면 **웨딩 속옷**은 보관 면에서도 훨씬 용이할뿐더러, 다른 사람이 쉽게 볼 수 없는 프라이빗함까지 더해져 '은밀하고 달콤한 웨딩의 추억'을 상기시키기에 완벽한 조건을 갖췄다고 봐도 좋을 것이다. 나만의 웨딩 속옷을 입고 신혼여행지로 떠난다면, 결혼식의 감흥을 그대로 간직하면서 로맨틱한 첫날밤을 보내기에 더할 나위 없을 것이다. 그러니 더더욱 황홀한 신부의 특권이자 추억인 웨딩 속옷을 놓치지 말자. 훗날 딸에게 물려줄 좋은 추억거리가 있다는 사실 하나만으로도 웨딩 속옷은 충분히 가치가 있다고 생각한다.

그러니 결혼식 날 최고의 실루엣을 뽐낼 수 있는 웨딩 속옷을 고르는 안목은 절대적으로 필요하다. 웨딩드레스 안에 입는 속옷은 평상시의 속옷과 크게 다르기 때문이다. 단적인 예로, 아무리 가슴이 풍만한 여성일지라도 웨딩드레스를 입을 때는 약 2~3개 정도의 브래지어를 겹쳐 입어야 한다. 그만큼 웨딩드레스는 볼륨감이 중요한 옷이기 때문이다. 대부분의 신부들이 결혼식을 앞두고 다이어트를 감행하면서, 그렇지 않아도 빈약하던 가슴이 더 볼품없어지는 경험을 꽤 했을 것이다. 또는 쇄골이 드러나는 디자인의 웨딩드레스를 입고 싶어 가슴 키우기에 좋다는 운동을 찾아서 해봐도 하루아침에 예쁜 가슴선이 만들어지지는 않는 것이 우리의 현실이다. 그러나 해결책이 없는 것은 아니다. 그 해답은 바로 기능성 속옷에 있다. 결혼식 당일 3개월 전부터 꾸준히 기능성 속옷으로 자신의

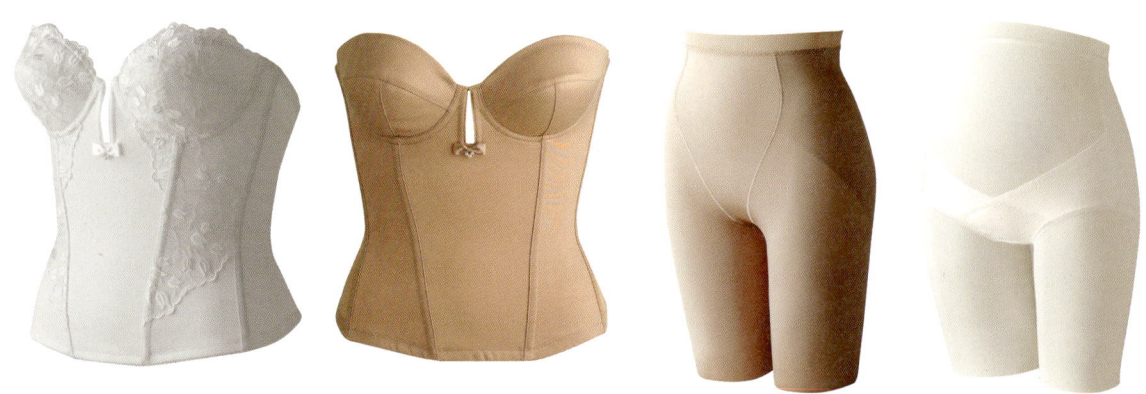

신부를 위한 언더웨어

체형을 보정한다면 결혼식 날 신랑은 물론 하객들의 눈을 사로잡을 최고의 실루엣을 뽐낼 수 있다. 전체적으로 마른 체형을 가진 예비 신부라 하더라도 기능성 보정속옷을 통해 볼륨감 있는 가슴을 가질 수 있다. 이 얼마나 희망적인 소식인가?! 생텍쥐페리의 소설 '어린 왕자'에 등장하는 여우는, "정말 중요한 것은 눈에 보이지 않아."라고 말했다. 얼마나 현명한 여우인가? 여성들이여, 눈에 보이는 웨딩드레스에만 관심과 열정을 쏟아붓지 말자. 정말 중요한 것은, 눈에 보이지 않는 '웨딩 속옷'이라는 사실을 기억하자!

생명을 품은 임산부의 언더웨어

임신은 여성에게 있어 최고의 기쁨인 동시에 최대의 스트레스이기도 하다. 물론 개인마다 차이가 있긴 하지만 임신은 여성의 체형에 많은 변화를 가져온다.

임신을 하게 되면 여성의 몸은 어떻게 변할까?

가장 큰 변화는 **배와 가슴** 부위에서 시작된다. 임신 기간 동안 배가 불러옴에 따라, 가슴도 몰라보게 커진다. 임신 초기에는 뚜렷한 변화가 보이지 않지만

 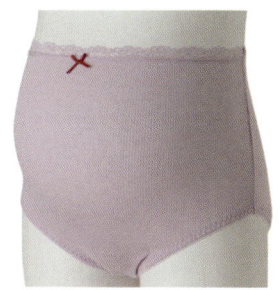 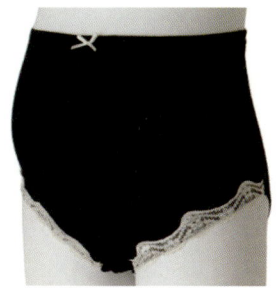 

임산부를 위한 언더웨어

임신 개월 수가 증가함에 따라 가슴과 배 그리고 엉덩이 부위가 전과는 다르게 풍만해지는 것을 육안으로도 확인할 수 있게 된다. 그런데 이때 무심코 임신 전에 사용하던 브래지어를 계속 착용한다면, 브래지어가 가슴의 크기와 무게를 감당하지 못해 출산 후 처지고 탄력 없는 가슴을 가지게 될 가능성이 아주 높다.

임산부의 신체 변화에 대해 조금 더 짚고 넘어가 보자.

임신 중기가 넘어가면서부터 여성의 가슴은 태어날 아기를 위해 철저한 준비에 들어간다. 먼저 유선이 급속히 팽창하게 되는데, 이 시기에 팽창된 가슴은 출산과 수유가 끝난 뒤에 원래의 형태로 돌아오긴 하지만 풍선이 한껏 부풀었다가 바람이 쑥 빠졌을 때 쭈글쭈글해지는 것처럼, 축 늘어지기 쉽다. 이런 현상을 막으려면 어떻게 해야 할까? 임신 기간 중 꾸준히 가슴 마사지를 해주어야 하고 임신 개월 수에 맞는 브래지어를 착용해야 한다. 보통 임신 초기에서 후기에 이르기까지 가슴은 다음과 같은 세 단계의 변화를 거친다.

임신 초기 0~3개월은 외부의 변화보다는 내부에서 활발한 변화가 일어나는 시기이다. 이 시기에는 가슴이 약간 팽창한 것 같은 느낌이 드는데 이것은 유선이 증가하기 때문에 나타나는 현상이다. 3개월 차까지는 가슴 크기에는 별다른 변화가 없다.

임신 중기인 4~7개월 무렵에는 가슴이 전체적으로 커진다. 모유를 만드는 유선 하나하나가 젖을 내기 위해 발달하기 때문에 가슴 전체가 커지는 것이다. 유두나 유륜도 커질 뿐 아니라, 색소침착으로 인해 빛깔도 암갈색으로 변한다. 이렇듯 가슴이 커지는 과정을 거치면서 유두도 더 예민해지기 때문에 브래지어에 가슴이 닿으면 아프다는 느낌이 들기도 한다. 임신 전보다 가슴 사이즈가 1컵 정도 커지고 가슴둘레도 늘어나므로 이 시기에는 밑가슴을 압박하지 않는 브래지어를 착용하는 것이 필수다.

임신 후기에 접어드는 8~10개월 차에는 유선이 최대로 증가하여 모유를 만들 준비를 완료한다. 가슴이 무겁다는 느낌이 들 정도로 묵직해지는가 하면, 개인차가 있으나 가슴의 크기 또한 임신 전에 비해 2~3배 정도로 커진다. 이뿐만이 아니다. 아기를 내보낼 준비를 하는 우리 몸이 평소 2배에 해당하는 혈액을 가슴으로 몰아 보내기 때문에 피부 위로 혈관이 두드러져 보이기도 한다. 이때 브래지어는 임신 전보다 2컵 정도 큰 사이즈를 선택하고 가슴을 전체적으로 완전히 감싸주는 디자인을 골라야 한다. 임신 중기와 마찬가지로 밑가슴을 누르지 않는 브래지어를 착용하는 것이 좋다.

그렇다면 임산부용 브래지어는 언제부터 착용하는 것이 좋을까? 임산부용 브래지어를 착용하는 적당한 시기는 대략 임신 4개월부터가 바람직하다. 만일 시기를 놓쳤다 하더라도 자신이 느끼기에 가슴이 팽팽한 느낌이 들거나 유두가 브래지어에 닿을 때 아픈 느낌이 들면 곧바로 임산부용 브래지어를 착용해야 한다. 임산부용 브래지어를 선택할 때는 가슴의 변화에 따라 컵이나 와이어가 가슴을 압박하지 않고, 가슴의 무게를 잘 받쳐줄 수 있는 것을 골라야 한다. 또 밑가슴 둘레를 기준으로 가슴을 완전히 덮는 스타일이 좋다.

특히 임산부용 브래지어를 착용하는 임신 5개월부터는 체중이 급격히 증가하며 밑가슴 둘레도 개월 수가 늘어남에 따라 1~1.5cm씩 늘어나기 때문에, 시기별로 가슴의 변화에 알맞은 브래지어로 바꿔가며 착용해주는 것이 좋다. 다시 한번 강조하지만, 임산부용 브래지어는 밑가슴을 누르지 않는 편안한 것이 좋다.

임산부용 브래지어를 고를 때는 어떤 점을 따져봐야 할까?

먼저 스트랩은 평소 사용하던 어깨끈보다 폭이 넓고 전체적으로 탄력성이 좋은 것을 선택해야 한다. 이때 어깨끈이 어깨의 살을 파고들지 않는지 살펴본다.

컵 크기는 가슴 전체를 충분히 감싸는 모양을 선택한다. 또 유선을 압박하지 않도록 겨드랑이가 조이지 않아야 한다. 와이어는 자신의 밑가슴 둘레에 맞는 제품을 선택한다. 와이어가 너무 단단한 것은 밑가슴을 압박하기 때문에 좋지 않다. 입어보았을 때 와이어 자국이 남는 것은 반드시 피해야 한다.

모양은 브래지어의 뒷선, 즉 훅이 있는 부분의 폭이 넓고, 훅이 2~3단으로 되어 있는 것을 고른다. 가슴 전체를 골고루 감싸주어야 하기 때문에 풀컵을 선택하는 것이 바람직하다.

임산부용 브래지어는 그 형태뿐만 아니라 기능적인 부분도 꼭 챙겨야 한다. 급격하게 불어난 가슴 무게를 지탱해주고 가슴이 아래로 처지는 것을 방지할 수 있는 것을 선택해야 한다. 그래야 출산 및 수유 후에도 가슴이 축 처지는 것을 방지할 수 있다.

임신 기간 중에는 가슴뿐 아니라 배에도 급격한 변화가 찾아온다. 개월 수에 따라 점차 배가 불러오면서 갑자기 늘어난 뱃살 때문에 임신 후기에 이르면 살이 터지는 일이 다반사다. 또 출산 후 여성들의 체형 중 원상태로 회복하기 가장 어려운 부분이 '임신으로 인해 늘어난 아랫배'이다.

임산부의 배, 그 변화에 대하여

　임신 중에 불어난 아랫배는 어떻게 관리해야 할까? 대부분의 여성들은 사이즈가 큰 팬티를 입으면 되는 것으로 생각하지만 새로운 생명을 잉태하고 보호해야 할 중차대한 임무를 맡은 곳이 바로 배이니만큼, 이 부위를 충분히 덮어줄 수 있는 임산부 전용 속옷을 입는 것이 좋다.

　임신 기간 중에 복부는 다음과 같이 변한다.

　임신 초기 0~3개월에는 외관상으로는 별다른 변화가 없다가 임신 2~3개월차에 들어서면 양쪽 치골 중 한쪽에서 멍울 같은 것이 만져지기도 한다. 이것은 자궁에 착상된 수정란이다. 임신 전에는 달걀 한 개만 한 크기였던 자궁이 임신 3개월째에 접어들면 남자의 주먹만 한 크기가 된다.

　임신 중기인 4~7개월은 배가 점점 부풀어 오르는 시기다. 임신 5개월째에 이르면 자궁의 크기는 어린아이의 머리 크기 정도로 자란다. 또 자궁이 서서히 골반을 벗어나기 때문에 배 전체가 부풀어 올라 앞으로 돌출하는 모양이 된다. 이 시기에 배가 나오면서, 갑자기 피부가 늘어나기 때문에 트는 현상이 생기기도 한다.

　임신 후기 8~10개월에는 하루가 다르게 배가 아래로 처질 뿐만 아니라, 앞으로도 빠르게 부풀어 오른다. 산모의 골반 모양이나 체형에 따라 개인차를 보이지만, 대부분 이 시기가 되면 동그스름하던 배의 모양이 앞으로 솟아오르는 듯한 형태로 바뀐다.

　이때 산모의 배꼽도 앞으로 튀어나오는데, 이는 아기가 자신의 위치를 바로잡기 때문에 아기의 체형에 맞게 복부 또한 새롭게 자리를 잡는 과정이라고 보면 된다.

임신 중에는 속옷을 어떻게 입어야 할까?

배가 불러오기 시작하면 우리 몸에서 가장 부담을 느끼는 부위가 바로 허리이다. 허리의 부담을 낮춰주기 위해서는 임산부용 거들이나 복대를 착용하는 것이 좋다. 거들, 복대 같은 속옷은 보온성을 갖추고 있을 뿐만 아니라 외부 충격으로부터 아기를 보호하는 역할을 하기 때문에 특히 임신 5개월에 접어든 이후부터 착용하는 것이 좋다.

임신 5개월째부터는 하루가 다르게 배가 불러오는 것을 느낄 수 있는데, 이 시기에는 혈액 순환이 원활하지 않으므로 복부를 압박하지 않으면서 배 전체를 감싸주고 축 처지지 않게 받쳐줄 수 있는 소프트 타입의 거들 또는 배를 받쳐주는 복대 타입의 거들을 착용하는 것을 추천한다.

임신 중에는 특별히 청결에 신경을 써야 하므로 팬티를 선택하는 데도 신중해야 한다. 특히 이때는 하나의 몸에 예비 엄마와 태아 두 사람이 공존한다는 사실을 늘 유념해야 하는데, 팬티를 고를 때도 태아가 고려되어야 하기는 마찬가지다. 태아가 뱃속에서 편안하고 안전하게 자랄 수 있도록 항상 배를 따뜻하게 보호해야 하며, 배가 불러옴에 따라 약간만 힘을 주어도 소변이 저절로 나오기 때문에 하루에도 여러 번 팬티를 갈아입는 것이 좋다.

임신 중에 팬티를 구입할 때는 다음과 같은 점을 체크해야 한다.

첫째, 배 전체를 따뜻하게 덮어줄 수 있는 충분한 길이인가?
둘째, 팬티 고무줄이 배를 압박하지 않고 배를 충분히 감싸줄 수 있는가?
셋째, 팬티를 입었을 때 힙 선을 충분히 덮어주는가?
넷째, 땀이나 분비물의 흡수가 잘 되는 좋은 소재의 제품인가?

이렇게 깐깐한 과정을 거쳐 팬티를 잘 골랐다면, 이제는 거들을 살펴볼 차례다.

우리는 보통 거들이라고 하면 허리 부위를 조여 줌으로써 날씬해 보이게 하고, 배와 힙 선의 군살을 정리해 주는 기능만을 떠올리기 쉽다. 하지만 임산부용 거들은 일반 거들과 그 기능과 역할 면에서 180도 다르다.

임신부용 거들의 목적은 태아를 보호하고 임신으로 인한 산모의 신체적 변화에 외부 충격이 가해지는 것을 완화하기 위함이다. 임신 초기에는 배의 변화가 뚜렷하지 않다고 하더라도 거들을 챙겨 입는 것이 좋다. 배가 차가워지는 것이 태아에게 치명적이기 때문이다. 이를 막기 위해서라도 예비 엄마는 소프트한 거들을 착용해 복부를 따뜻하게 유지해주어야 한다.

서서히 배가 불러오는 임신 중기에는 임산부의 무게중심이 허리에 쏠리는 것을 방지해 허리 부담을 줄여주는 데 거들이 효과적이다. 다만 임신 초기에 준비한 거들을 마르고 닳도록 입는 것이 아니라, 개월 수에 맞는 거들을 적절하게 입는 것이 바람직하다.

임신 말기에는 배 둘레가 엉덩이 둘레를 능가할 만큼 커지고, 크기에 비례해서 무게도 한층 무거워진다. 한껏 커지고 무거워진 배 때문에 이 시기의 산모는 여러 가지 고통을 호소하게 되는데, 이때 거들이 큰 도움을 줄 수 있다.

거들을 착용함으로써 한껏 무거워진 하복부를 아래쪽에서 위로 자연스럽게 밀어 올려주고, 허리에 무리가 가지 않도록 몸의 균형을 잡아주는 효과를 얻을 수 있다. 임산부용 거들은 태아나 양수, 태반의 무게를 지탱하는 복부 윗부분을 효과적으로 받쳐주어 산후 몸매를 원상태로 회복시키는 데에도 도움이 된다. 뿐만 아니라 자궁을 보호하여 태아가 보다 안정적으로 자리를 잡을 수 있도록 도와주기 때문에 예비 엄마와 태아 모두에게 꼭 필요한 속옷이라고 할 수 있다.

임산부용 거들을 선택할 때는 다음과 같은 점을 꼭 체크하기 바란다.

첫째, 배 전체와 하복부를 부드럽게 감싸주는 느낌이 드는가?

둘째, 배를 충분히 감싸줄 수 있을 만큼 신축성이 좋은가?

셋째, 하복부를 자연스럽게 올려주는 느낌이 드는가?

내 몸매를 결정해 주는 출산 후 언더웨어

오랜 인고의 과정을 거쳐 사랑스러운 아기와 만난 기쁨도 잠시. 임신 전과 너무나 달라져 버린 자신의 몸을 보며 일명 '현타'를 느낀 여성들이 적지 않을 것이다. 출산 후에 임신 전의 아름다운 몸매로 되돌아갈 수 있을지 없을지의 여부는 출산 직후부터 산후 6개월 사이에 결정된다. 산후 6개월까지는 출산으로 인한 생리적 체중감소 작용과 모유 수유를 통한 체중감소 효과로 인해 조금만 노력하면 쉽게 살을 뺄 수 있다. 하지만 만약 이 시기에 임신 전 체중으로 돌아가지 못할 경우, 우리 몸은 항상성 작용으로 인해 늘어난 체중을 정상으로 인식하게 되고, 그 결과 나중에 체중을 감량하는 데 더욱 많은 시간과 노력이 필요하게 된다. 즉 이 시기를 놓치면 그 후폭풍이 엄청난 것이다.

출산은 끝이 아니다! 여자의 자존심은 이제부터
대체로 여성들이 출산 후 원래 몸매를 되찾기까지는 약 1년 정도가 걸린다고 본다. 거의 모든 여성들이 출산과 동시에 하루 종일 쉴 틈 없는 육아에 시달리느라 자기 자신을 돌볼 여유가 없기 때문이다. 그런데 앞서 말한 것처럼 이 시기에 몸매 관리에 실패하면 출산 전의 바디라인을 회복하는 데 훨씬 더 많은 시간과 훨씬 더 많은 노력을 기울여야 한다. 이 때문에 비록 출산 후 몸과 마음이 지치고 피곤하다 하더라도 몸매 관리에 신경을 써야 하는 것이다. 물론 어렵다. 그러나 출산 후 6개월~1년이라는 골든타임을 놓친다면 매일 거울 앞에 설 때마다 뚝뚝 떨어지는 자존감과 자신감을 회복하기란 더 쉽지 않을 것이다.
그렇다면 출산 후 여성의 몸은 어떤 변화 과정을 거칠까?
먼저 산후 3일부터 2~3주의 시기에는 자궁이 수축을 시작함과 동시에 골반이

나 내장 기관도 서서히 임신 전의 상태로 되돌아가기 시작한다. 이때는 하복부와 허리 부위를 살짝 조여 주어 자궁이나 골반의 회복을 촉진시키는 것이 중요하다. 그러나 개인차가 많은 시기이므로 너무 몸에 꼭 끼거나 단단한 속옷은 피하는 것이 좋다.

산후 2, 3주부터 3개월의 시기에는 모유 수유를 하는 산모라면 아기가 젖을 빨아들일 때 생기는 자극 때문에 자궁이 빠르게 수축하는 것을 경험할 수 있을 것이다. 이때는 특히 하복부의 자궁과 복벽 사이에 피하지방이 쌓이기 쉬운 시기이므로 지방이 침착하기 전에 강한 셰이프업이 필요하다. 몸의 회복이 빠른 편이라면, 산후 1개월부터 셰이프업을 시작하는 것이 좋다.

산후 3개월부터 6, 8개월 무렵은 출산 후 몸매 관리에 있어서 가장 중요한 시기다. 보통 출산 후 3개월이 지나면 대부분의 신체 기관들이 출산 이전의 상태로 거의 회복이 되는데, 바디라인의 변화는 개인차가 심하다는 것을 감안하여 자신의 몸 상태를 세심하게 살펴야 한다.

새내기 엄마가 된 당신, 어떤 속옷을 입을 것인가?

출산 후, 임신 전의 몸매로 돌아가기 위해서는 특별한 속옷이 필요하다.

우선, 수유용 브래지어는 필수다. 젖몸살에 대비해 쉽게 마사지를 할 수 있는 디자인을 골라야 하고, 민감해진 가슴과 피부에 자극을 주지 않는 부드러운 소재와 형태를 갖춘 브래지어를 선택해야 한다. 또 모유 수유 중에 젖이 고여 가슴이 팽팽해지는 압박감을 최소화할 수 있도록 적절한 컵 사이즈를 선택해야 하는데, 이때 수유 패드를 넣고 뺄 수 있는 신축성이 좋은 브래지어를 입는 것이 좋다.

또한 수유 브래지어는 아기에게 젖을 먹이기 쉽고 연약한 피부를 보호할 수 있

출산 후 언더웨어

는 소재여야 한다. 땀과 분비물을 잘 흡수하는 소재의 브래지어를 골라야 하는 것은 두말하면 잔소리.

수유 브래지어를 고를 때는 다음과 같은 요소들을 체크하자.

첫째, 수유하기 편리한 장치가 마련되어 있는가?

둘째, 수유 시 모유가 밖으로 새는 것을 막는 패드 장치가 있는가?

셋째, 수유기의 가슴 형태에 맞게 디자인된 제품인가?

넷째, 수유기에 증가하는 가슴 무게를 받쳐주고 가슴을 강하게 올려주는 기능이 있는가?

한편, 출산 후의 팬티는 새내기 엄마들의 최대의 적인 요실금을 막아줄 수 있느냐가 관건이다. 산욕기에는 요로의 양이 많고 장시간 누워 있어야 하는 조건을 모두 만족시킬 수 있는 속옷을 입어야 한다. 따라서 방수 처리가 잘 되어 있고 벗지 않은 상태에서도 패드를 갈기 편한 제품이 좋다. 엎드려 있어도 새지 않도록 앞부분까지 방수 처리된 것이 안전하다.

또한 산후 전용 팬티는 복부나 엉덩이를 조여 주는 기능이 추가된 것을 선택하는 것이 몸매 관리에 도움이 된다. 산만했던 배가 없어졌다고 해서 당장 출산 전에 입었던 로웨이스트 팬티를 입는 것은 몸매 교정에 좋지 않다. 배꼽 윗부분까지 끌어올려 입을 수 있도록 길이감이 있는 팬티가 일반 팬티에 비해 몸에 안정감을 주고 임신 지방의 분해에도 도움이 된다는 것을 잊지 말기를 바란다.

한층 더 빠른 기간 안에 임신 전의 상태로 몸매를 되돌리고 싶다면 거들을 착용하는 것이 좋다. 출산 후 몸매 만들기의 기본은 임신 중에 엄청나게 불어난 지방을 없애는 데 있다. 지방을 없애는 데 산후 거들만큼 효과적인 것도 없다.

임신 전 날씬한 몸매로 돌아가기 3단계

1단계 : 회복기

이 시기에는 자궁 회복과 함께 출산으로 벌어졌던 골반이 서서히 본래의 모양과 위치를 잡아가는 시기다. 하지만 후진통이나 분비물, 회음통 등이 있는 시기이므로 너무 꽉 조이는 속옷은 바람직하지 않다.

2단계 : 조이기

분비물의 색깔이 연해지는 산후 15~20일경부터는 하복부를 중심으로 허리 부위를 충분히 조여 주어 임신 지방이 빠지도록 압박해준다. 이때 주의할 것은 임신 전에 착용했던 거들이나 하이웨이스트 거들을 입으면 아직 회복되지 않은 자궁을 충분히 감싸주지 못해 오히려 체형을 망가트릴 수 있기 때문에 반드시 산후 전용 거들을 착용하는 것이 좋다.

3단계 : 라인 바로잡기

몸매의 완성은 **허리 라인**에 있다. 그러므로 허리 부위를 순차적으로 부드

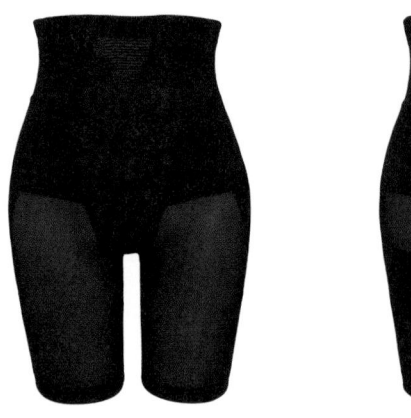
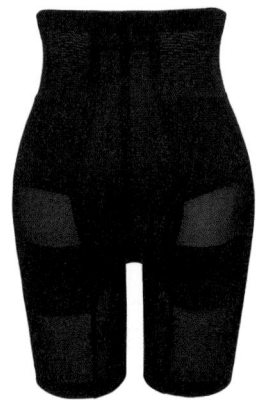

골반 거들

럽게 컨트롤해주는 거들을 입으면 출산 전의 잘록한 허리로 돌아가는 데 도움이 된다.

평생 젊음 유지를 위한 언더웨어

매혹적인 몸매의 시작, 30대

매혹과 곤혹은 말 그대로 한 끗 차이다. '곤혹스러운 몸매'로 살고 싶은가, '매혹적인 몸매'로 살고 싶은가. 연령대를 불문하고, 여성들에게 이런 질문을 던지면 10명 중 10명은 후자라고 답할 것이다. 어쩌면 '뭐 그렇게 당연한 걸 묻는 거지?' 하는 의아한 눈초리로 필자를 쳐다볼지도 모르겠다.

여성의 나이 중 가장 원숙한 아름다움을 뽐낼 수 있는 시기는 언제일까? 바로 30대이다. 속옷 디자이너이자 전문가로서 솔직히 말하자면, 20대까지는 어떤 속옷을 입어도 사실 괜찮다. 그 나이 특유의 젊음과 자연스러운 피부 탄력을 유지하기에 별다른 노력이 필요하지 않다는 뜻이다. 그러나 임신과 출산의 과정을 겪기 시작하는 30대는 다르다. 당연하게 누려왔던 '탄력 있는 몸매'가 점점 '내 것이 아니게' 된다.

최근에는 얼굴에서 광채가 나는 일명 꿀 피부에 감각적이고 개성 있는 자신만의 스타일링으로 20대 미혼여성과 30대 기혼여성의 육안 구분이 어려울 정도다. 그런데 사우나에 가보면 말이 달라진다. 메이크업과 스타일링으로 가려져 있던 '몸매'가 그대로 드러나기 때문이다.

사람마다 얼굴이 다르듯, 여성들도 저마다 다른 몸매를 타고난다. 그런데 30대 특히 유년기의 자녀를 둔 여성일 경우 놀랍게도 '비슷한' 몸매를 가지고 있는 경우를 어렵잖게 발견할 수 있다. 이들의 대다수는 아랫배는 불룩 나오고, 가슴은 탄력을 잃어 아래로 처져 있다. 또 허리는 안타깝게도 절구통 모양으로 망가져 전형적인 '아줌마 몸매'를 가지고 있다.

여성들은 20대 후반 전후를 경계로 피부의 늘어짐을 경험하게 된다. 피부가 탄력을 잃기 시작하는 상태에서 그대로 방치하면 가슴은 평균적으로 1~2cm 가량 늘어지게 된다. 게다가 20대 후반~30대 중후반에 육아를 시작하는 경우가 많아 직장생활을 할 때와 달리 긴장감이 풀어지는 것도 여성들의 몸매 변화에 큰 영향을 미치는 요소 중 하나다. 심리적 긴장감이 풀리면서 피부 또한 급속도로 이완되기 시작하는 것이다.

동시에 30대 여성들 중 대다수는 임신과 출산이라는 일생일대의 변화를 겪게 마련인데, 이후 자신의 몸매에 대한 자신감을 상실하기가 너무도 쉽다. 하지만 30대는 탄력 있는 몸매로 돌아가기에 결코 늦은 시기가 아니다. 이때부터라도 제대로 된 속옷을 갖춰 입는다면 20대 부럽지 않은 싱그러운 워너비 몸매를 소유할 수 있다.

여성의 '제2의 전성기'라 불릴 만큼, 특유의 원숙한 아름다움이 샘솟는 30대.

어떻게 하면 이 아름다움을 몸매로 가져올 수 있을까? 먼저 가슴에 주목해야 한다. 가슴이 Shape-Up 되면 여성은 생활 전반에 있어 자신감도 Up 된다는 사실을 꼭 기억하시기를!

볼륨미란 바로 이런 것, 40대

불혹이라고도 하는 40대는 어떤 의미에서 여성에게 있어 육체적, 정신적으로 막다른 골목에 다다른 듯한 느낌을 준다. 자녀의 출산과 양육이라는 치열한 관문을 지나 비로소 자신에게 눈을 돌려보지만, 거울 속에 비친 자신의 모습은 그저 남 얘기인 것 같았던 '뚱뚱한 아줌마'의 모습과 별반 다를 바가 없다. 그래서일까? 전문가들은 이 시기를 '여성의 사춘기'라고 부른다. 사춘기가 인생의 봄을 맞이하는 시기라면, 40대는 여성으로서 '가을의 문턱'에 들어서는 시기라고 표현할 수 있을 것이다. 이 무렵 여성들은 갱년기 장애는 물론 심리적 우울증을 겪을 가능성이 적지 않다. 하지만 그저 무력하게 주저앉아 있을 수만은 없는 일. 자신의 몸매에 '현타'를 맞은 후 여성들은 문화센터에 나가기도 하고, 헬스클럽에 등록해 운동을 시작하기도 하면서 자신의 몸을 다시 가꾸기 위해 부단한 노력을 시작한다. 이대로만 꾸준히 한다면 20대 때의 몸매를 되찾는 건 시간문제라고 생각하면서. 그러나 현실이 그리 녹록치만은 않은 법. 며칠의 운동만으로 옷맵시가 살아나기엔 역부족이고, 체중계 위의 몸무게도 요지부동일 가능성이 크다. 그렇다면 무엇에 주목해야 할까?

이 시기 여성들은 평균적으로 풍성한 몸매를 가지고 있다. 솔직히 말해서, 좋게 말하면 '**볼륨**'이고 나쁘게 말하면 '군살'이다. 이런 몸매에 아무리 값비싼 명품 겉옷을 입는다고 해도 옷맵시는커녕 옷의 가치도 제대로 보여줄 수 없는 것이 현실이다.

40대 여성들 가운데 처진 가슴을 감추려고 원래 치수보다 작은 사이즈의 브래지어를 착용한다거나, 반대로 브래지어가 답답하다는 이유로 한 사이즈 큰 브래지어를 착용하는 여성들이 있다. 또 불룩하게 나온 뱃살만을 가리기 위해 맞지 않는 거들로 복부를 조이기도 하는데 이렇게 하면 체형은 더욱 망가지고 더 손쓸 수 없는 몸매가 되어버리고 만다. 여성의 몸은 나이가 들어도 여성 특유의 곡선이 살아 있다. 필자는 40대는 40대만의 자연스러운 아름다움에 주목해야 한다고 생각한다. 그 자연스러운 멋만 잘 살려도 충분히 여성으로서의 매력을 돋보이게 만들 수 있다는 사실을 잊지 말자.

내 나이가 어때서? 여전히 아름다울 50대

50대에 들어선 여성들에게는 여러 가지 신체적인 변화가 찾아온다. 그중 유독 눈에 띄는 현상은 지방의 '하수현상'이다. 40대와는 또 다르게 지방이 자꾸 아래쪽으로 쏠리면서 피부의 탄력이 눈에 띄게 떨어지기 시작하는 것이다.

50대 여성에게서 보편적으로 나타나는 체형은 크게 두 가지로 나누어볼 수 있다. 군살이 붙어 볼륨감을 잃은 뚱뚱한 체형과 피부의 탄력이 사라진 깡마른 체형이 그것이다. 전자의 경우, 뚱뚱한 체형을 가리고자 속옷이나 겉옷으로 몸을 옥죄거나 과도하게 헐렁한 옷차림을 선호하거나 둘 중 하나다. 그러나 불행하게도 두 방법 모두 체형보정에는 큰 도움이 되지 않는다. 조이는 것 자체를 피하는 분들 중 대다수는 자신의 사이즈에 맞는 속옷이 없거나, 자신의 몸매에 '백기를 든' 경우가 많은데, 이런 분들을 만나면 필자가 빼먹지 않고 하는 말이 있다. 여성은 70대, 80대 심지어 100세가 되어도 여전히 여성이라는 것이다!

누구든지 아름다움을 추구한다. 다만 그것을 겉으로 표출하느냐, 숨기느냐의 차이일 뿐이다. 나이가 들었다는 이유만으로 아름다움을 추구하는 인간의 본능을 숨길 필요는 없다. 그러나 애석하게도 50대에 접어들면서부터 스스로 '이제 여자로서의 내 인생은 끝났다.'고 생각하는 분들이 의외로 많다.

혹은 나잇살이 쪘다고 해서 스스로 자신의 몸을 돌보지 않고 여성의 자존심이라고도 할 수 있는 속옷을 '대충대충' 입음으로써 자신의 체형을 더욱 망가뜨리는 경우를 수없이 목격했다. 그러나 나이 들수록 자신의 체형에 맞는 기능성 속옷을 제대로 챙겨 입는다면 노화가 찾아오는 속도를 현저히 늦출 수 있다.

미래의 언더웨어

중소벤처기업부 선정 국책연구 디자인 회의

힘든 취업난을 뚫고 들어간 첫 직장.

첫 월급으로 설레었던 기억은 누구에게나 있을 것이다.

요즘 젊은이들은 첫 월급을 어떻게 쓸 것인지에 정확한 계획을 세워놓고 소비의 즐거움을 맛본다고 하는데 예전에는 첫 월급을 타면 부모님께 빨간 내복을 선물하는 게 당연한 순서였다.

그렇다면 첫 월급 부모님 선물은 왜 빨간 내복이 되었을까?

1960년대 석유화학과 섬유의 발전으로 합성섬유인 나일론이 대량 생산되었다 나일론은 찬물에 세탁할 수 있고 잘 말라서 내의의 원료로 제격이었는데 염색기술이 부족했기 때문에 다양한 색을 시도해 봐도 물 빠짐 현상이 심했다. 많은 시도 끝에 예쁘게 염색되고 색 빠짐 현상이 적은 것이 빨간 색이었기 때문에 내복

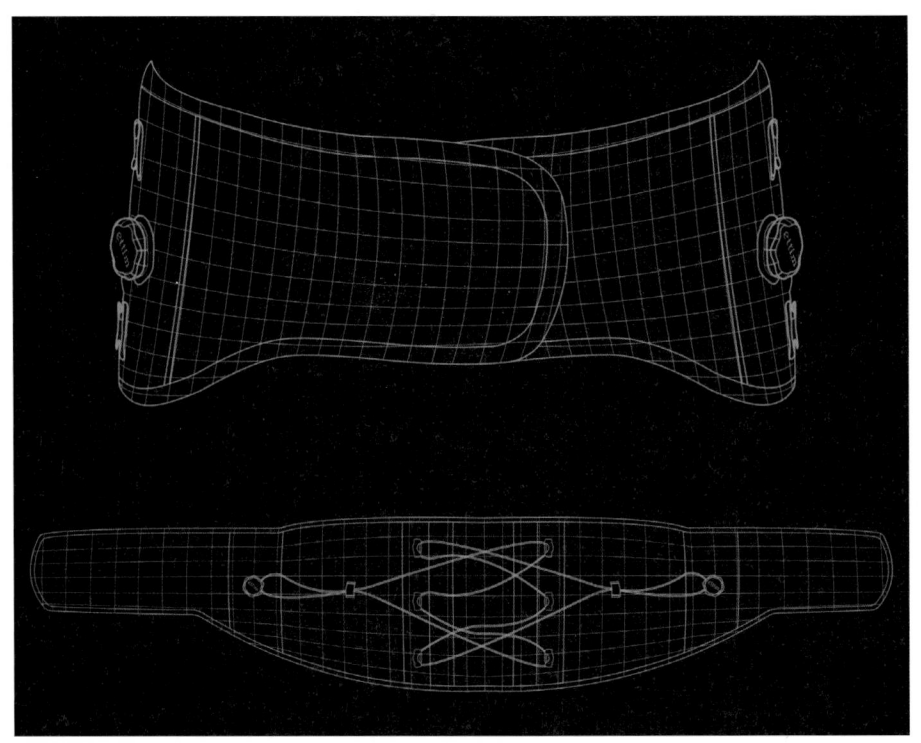

모듈을 적용한 센서 니퍼

은 빨간색이 주류가 되었던 것이다.

또한 빨강은 우리나라 사람들에게 권력을 상징하기도 했고 나쁜 기운을 막는 색으로도 사용했기 때문에 첫 월급을 받으면 부모님께 빨간 내복을 선물하는 것이 효도선물로 자리를 잡았던 것이다.

속옷이라면 팍팍 삶아 입는 흰 면 아니면 부모님 선물용 빨간 내복이 전부나 다름없던 시절, 필자는 속옷에 대한 아쉬움으로 이탈리아 유학길에 올랐고 그곳에서 패션 감각을 살린 속옷 디자인을 배웠다. 그 후 당시 일본에서 유행이던 기능성 보정속옷에 이끌려 다시 일본 유학을 떠났고, 현지 장인에게서 제작법을 전수받고 돌아와 1990년 초에 필자 이름을 건 기능성 속옷 브랜드와 회사를 출범시켜 오늘날에 이르고 있다.

그 사이 기능성 속옷은 혁신적인 기능을 갖춘 또 하나의 장르로 진화했다.

최근에는 모션 픽쳐를 이용한 개별 체형 측정 분석 및 관리 시스템인 ettim 모티피지오를 도입해 3차원 IR센서 (적외선 센서)를 통해 뼈들의 각도와 근육의 상태까지 측정하는 시스템을 활용하고 있다.

더 나아가 현재 국내 속옷 분야로는 최초로 중소벤처기업부가 선정, 국책사업 연구비 지원을 받아 한국섬유개발연구원과 충북대학교 산학협력단과 협업으로 연구 개발하고 있는 시니어의 체형과 자세 교정을 위한 착용 제품들은 바디슈트에 스마트 IT 기술을 접목시킴으로써 기능성 속옷의 차원을 비약적으로 올려놓을 것으로 기대를 모으고 있다.

또한 좌우 개별 맞춤식 조절 센서가 부착된 스마트 센서 니퍼는 좌우 골반을 잡아주어 균형 잡힌 자세를 유지할 수 있도록 인체 과학적으로 개발되고 있다.

초고령화 사회를 앞두고 있는 대한민국.

그러나 장수가 '진정한 축복'이 되기 위해서는 필요한 조건들이 있다. 경제적이거나 사회적인 요소 등 여러 가지가 있겠지만, 무엇보다 중요한 사실은 건강한 몸으로 여생을 보낼 수 있는 '몸 경영'이 전제되어야 한다는 것이다. 내 몸을 제대로 알고 내몸이 필요로 하는 것을 파악하는 능력 그리고 당당하고 꼿꼿한 자세를 유지하는 힘. '몸 경영'은 여기서부터 시작된다는 것을 거듭 명심하시길 바란다.

Part 3

머리부터 발끝까지,
스타일 경영

나도 몰랐던 내 체형

여러분이 화장품을 선택할 때 가장 먼저 고려하는 것은 무엇인가? 아마 메이크업에 크게 관심이 없는 사람이라 할지라도, 가장 먼저 자신의 피부 타입을 체크하고, 거기에 맞는 화장품을 구매할 것이다. 그런데 정작 속옷을 고를 때는 어떠한가?

여성이라면 누구나 젊음을 오래 유지하고 싶어 한다. 아니 젊음을 오래 유지하고 싶어 하는 건 남성도 똑같을 것이다. 어떤 화장품을 사용하느냐에 따라서 탄력 있고 광채 나는 피부를 갖느냐, 칙칙하고 어두운 피부를 갖느냐가 결정되는 것처럼, 우리 몸도 어떤 속옷을 입느냐에 따라 탄력 있고 볼륨감 있는 몸매를 유지하느냐, 그렇지 못하느냐가 결정된다.

앞서 2장에서 강조했듯이 속옷은 피부만큼이나 소중한 우리 몸의 기초 화장품 격인데도 불구하고, 자신의 체형을 고려하지 않고 '대충 대충' 구매하지 않았는가? 이 글을 읽고 '뜨끔'한 독자가 있더라도 괜찮다. 이제부터라도 자신의 체형을 제대로 알고 무너진 밸런스를 다시 맞춰 가면 된다.

앞서 독일학자가 분류한 3가지 유형보다 실제 한국 여성의 몸을 더 잘 안다고 자부하는 필자는 이 책을 읽는 독자들에게 묻고 싶다.

당신은 어떤 체형인가?

이 질문에 답하기 전에, 먼저 우리 몸에 대해 살펴볼 필요가 있다. 우리 몸은 크게 세 가지, 즉 뼈와 근육 그리고 지방으로 이뤄져 있다.

먼저 뼈에 대해 살펴보자. 우리가 흔히 어떤 사람의 외모를 '잘생겼다 vs 못생겼다' 혹은 '예쁘다 vs 밉다'로 구분하기를 즐긴다. 이때 외모를 결정짓는 중요한 조건 중 하나가 바로 얼굴 뼈의 모양새다. 강철보다 단단하면서도 비교적 가벼운 무게를 지닌 뼈는 우리 몸의 겉과 속 그리고 외모에까지도 지대한 영향을 미치는 중요한 요소라고 할 수 있다.

근육은 인체가 운동을 할 수 있는 동력인 동시에 자세를 유지하고 관절을 보호하는 역할을 한다. 오랫동안 사용하지 않으면 굳어버리거나 소멸되어버리는 특징을 가지고 있는데, 나이가 들수록 '근력 운동'을 게을리해서는 안 되는 이유가 바로 여기에 있다.

마지막으로 지방에 대해 알아보자. 지방은 우리 몸의 전체적인 실루엣을 형성하는 요소다. 단도직입적으로, 우리 몸에 지방이 필요 이상으로 많으면 뚱뚱해 보이고 지방이 적으면 슬림해 보인다. 우리 몸에 지방에 축적되기 시작할 때는 그 순서가 있다. 보통 가장 먼저 살이 붙는 부위는 허리다. 그 다음으로 엉덩이, 아랫배 순으로 살이 붙기 시작한다. 다음으로는 가슴, 허벅지, 등, 팔뚝 순으로 지방이 축적되고 가장 늦게 살이 찌는 부분이 바로 종아리와 얼굴 그리고 손목과 발목이다. 손목과 발목에까지 살이 붙었다는 것은, 이미 온몸에 지방 축적이 진행되었다는 증거라고 볼 수 있는 것이다.

피하지방의 똑똑한 재배치

여성의 몸은 사춘기에 접어들면서 피하지방의 영향을 크게 받기 시작한다. 특히 이 시기에 유방과 엉덩이 부위에 피하지방이 몰리면서 유방이 커지고 엉덩이 곡선이 살아나면서 여성 특유의 부드러운 신체 곡선이 두드러진다. 20세~30세를 지나며 여성의 몸은 볼륨 있고 아름다운 몸매의 절정에 다다른다. 그 후 나이가 들어감에 따라 점차 탄력과 부드러움을 잃게 되는 것이 여성의 몸이다. 그러나 생활습관과 식단 관리, 운동 등 개인의 노력에 따라 몸매의 유지 기간이 대폭 늘기도 하고 세월의 힘에 굴복하게 되기도 한다.

그런데 여기서 주목! 나이가 들지 않아도 체형을 변화시키는 무시무시한(?) 녀석이 있다. 바로 **피하지방**이다. 피하지방은 일반적으로 '유동적'이라는 특징을 가지고 있다. 따라서 피하지방이 어디에 집중 분포하느냐에 따라 몸매 자체가 달라진다. 피하지방이 아랫배나 팔뚝 같은 부위에 몰린다면 '군살이 많은 아주머니 몸매'가 될 것이고, 가슴이나 엉덩이로 피하지방이 몰린다면 '나올 데 나오고, 들어갈 데 들어간 글래머 몸매'가 되는 것이다.

어차피 우리 몸의 일부를 이루는 피하지방과 떨어지려야 떨어질 수 없다면 오히려 피하지방을 요리조리 '이용'하는 것이 육감적이고 풍만한 몸매를 만드는 열쇠가 될 수 있다.

바야흐로 '못 먹어서' 고민인 시대는 지났다. 오히려 우리 사회는 '너무 먹어서' 비만을 고민하게 된 지 오래다. 임신 후기나 성장기에 찾아오는 비만이 지방세포의 수가 늘어나서 생기는 것이라고 한다면, 성인이 된 이후의 비만은 원래 있는 지방세포의 크기와 수가 함께 늘어났기 때문에 생기는 것이라고 볼 수 있다. 그렇다면 지방세포 그중에서도 피하지방을 어떻게 요긴하게 '써먹을' 것인가?

누구나 S라인의 아름다운 몸매를 가지길 원한다. 그리고 이제 우리의 욕망에 긍정적인 도움을 줄 수 있는 것이 '피하지방'이라는 것도 알게 되었다. 그렇다면 이 피하지방을 어떻게 내 몸에 맞게 '재배치'할 것인가?

오랫동안 한 손가락에 반지를 끼고 있다가 빼본 경험이 있는 사람은 알 것이다. 손가락의 다른 부위에 비해 반지가 있던 부분만 잘록하게 들어가 있는 것을. 또한 발목을 꽉 조이는 양말을 하루 종일 신고 있다가 벗으면 조인 부분만 쏙 들어가 있는 것을 종종 보았을 것이다.

우리 몸의 피하지방이 가진 이런 성질을 이용해 볼륨있는 몸매를 만들 수만 있다면, 자신의 신체 상태를 정확히 파악하고 알맞은 보정속옷을 착용함으로써 피하지방을 필요한 자리에 재배치해 준다면, 단순히 '군살'로 남을 수 있는 지방이 내 몸에 꼭 필요한 '볼륨'으로 탈바꿈할 수 있다. 피하지방의 이동 원리를 체형보정에 접목하는 것으로써 필자는 기능성 속옷에 대한 또 하나의 해답을 찾을 수 있었다.

체형별 맞춤 속옷 처방전

오래 기다리셨다. 우리 몸에 알맞은 속옷을 입는 것이 몸에 얼마나 중요한지 우리는 앞선 이야기들을 통해 충분히 숙지했다. 그렇다면 나는 어떤 체형이고 어떻게 입어야 멋진 바디라인을 뽐낼 수 있을까? 그 해답을 찾아 몸 경영 마케팅 실전에 들어가 보자.

필자가 속옷 디자이너로 오랜 경력을 쌓아오면서 발견한 우리나라 여성들의 체형 변화는 크게 다섯 가지로 분류할 수 있다.

먼저 S형이다. 이 체형은 상반신과 하반신이 적당히 균형을 이루고 있는데, 이때 허리선이 너무 가늘면 허리 통증을 유발하기 쉽다. 따라서 허리를 강조하기보다는 가슴과 힙을 업시키는 것이 가장 중요하다.

보통 젊은 여성들에게서 쉽게 찾아볼 수 있으며 여성들이 가장 선호하는 체형이니만큼, S형 몸매를 오래 유지할 수 있도록 관리하는 것이 최선책이다. S형은 이상적인 몸매이므로, 브라와 팬티, 소프트한 거들을 착용하여 몸매의 곡선을 적당히 드러내주는 것이 좋다.

다음은 A형이다. 이 체형은 상반신이 좁고 하반신이 넓다. 또 가슴 볼륨이 작은 반면 허리부터 골반, 허벅지에 이르는 부위에 살이 많은 것이 특징이다. 살집이 단단하여 다이어트를 해도 쉽게 살이 빠지지 않는 체형으로 브라와 팬티, 롱 거들 그리고 팔뚝 살과 겨드랑이로 가버린 지방을 이동시킬 수 있는 팔 슬림 착용을 추천한다. 그리고 레깅스 형태에 기능이 들어간 스팻츠를 착용하면 좋아리와 허벅지, 골반까지 잡아 주는 도움을 받을 수 있다.

　Y형은 알파벳의 모양으로도 짐작할 수 있듯이, 상반신이 넓고 하반신이 좁은 체형이다. 상체에 살이 많고, 배가 많이 나온 반면 엉덩이는 납작한 편이다. 보통 40~50대 여성들에게서 발견하기 쉬운 몸매로, 살집이 물렁물렁하여 살이 잘 빠지는 반면, 잘 찌기도 하는 특징을 가지고 있다.

　이 유형의 몸매를 가진 사람들은 대체적으로 등이 많이 튀어나와서 견갑골이 발달되어 있으며, 거북목인 경우가 많다.

　Y형 몸매를 가진 경우 어깨끈이 넓은 바디슈트를 착용하는 걸 추천한다. 이는 어깨끈이 러닝형으로 되어 있어 가슴의 무게를 올려주면서 등 전체를 감싸 상체가 날씬하게 보이도록 도와줄 뿐만 아니라 튀어나온 등을 커버해주는 효과가 있다. 또한 지속적으로 이런 바디슈트를 입어준다면, 상체의 지방 특히 가슴과 배

의 지방 사이즈를 줄여주는 효과를 기대할 수 있다.

이때 힙 라인을 전체적으로 잘 감쌀 수 있는 팬티를 입는 것이 좋다.

D형은 일명 거미 체형이라고 불리며 대체적으로 상반신 중에서도 배가 유난히 발달한 체형이다. 가슴은 작은 반면 배가 나와 있기 때문에 반대로 엉덩이가 뒤로 빠져 있는 경우가 많다. D형은 복부에 지방이 집중되어 있는데, 예상과 달리 복부가 대체로 차갑고 살성이 비교적 딱딱한 편이다. 복부에 집중되어 있는 지방 때문에 상체가 앞으로 쏠리면서 허리 부위에 협착이 진행될 가능성이 크다. 그래서 쉐이퍼 종류의 보정속옷을 통해 부각된 복부와 엉덩이 부위를 커버해주는 것이 좋다.

참고로 Y형과 함께 D형은 골반이 틀어지기 쉬운 체형이이므로 각별히 유의가 필요하다.

　마지막으로 H형이다. 이 체형은 상반신과 하반신에 지방이 골고루 분산되어 있어 실루엣이 전반적으로 뭉뚝한 편이다. 또 전체적으로 살집이 없고 마른 몸매 또한 H형으로 분류된다. 연령에 상관없이 살집이 많거나, 또는 아주 마른 체형의 소유자들이 이 유형에 해당한다. H형은 대체로 팔, 다리, 목 부위가 가늘고 긴 편이다. 또 체온이 낮은 경우가 많아 추위를 많이 타기 때문에 보온에 각별히 신경을 써야 한다. 또한 나이가 들면서 피부 탄력이 약해지고 다리가 벌어지거나 틀어지는 경우가 많다.

　이런 경우 바디슈트, 골반 거들 같은 보정속옷을 지속적으로 착용함으로써 전체적으로 밋밋한 몸매에 볼륨을 주고 잃어버린 실루엣을 만들어 주어야 이상적인 몸매를 되찾을뿐더러 신체적 약점을 보완해 건강을 오래 유지할 수 있다.

'내 몸매가 어때서?'

　사춘기는 만 11세를 전후로 시작되는데 보통 여자아이가 남자아이보다 빠른 편이다. 사춘기를 기점으로 여성의 신체는 4~5년 간격으로 급격히 변화한다. 가슴멍울이 생기면서 피하지방이 가슴과 엉덩이에 몰려 유방이 커지고 엉덩이가 비교적 둥그러지며 피하지방의 발달로 인해 피부가 한결 부드러워진다.

　사춘기를 지나 10대 후반에서 20대 초반이 되면 여성에게 두 번째 신체변화가 찾아 온다. 이 시기에는 신체 성장이 정체되고 여성의 몸이 전체적으로 '부드러운 곡선'으로 둘러싸이게 된다.

　20~30대는 여성의 신체에 있어서 '황금기'라고 할 수 있다. 몸매의 굴곡이 생기면서 일명 '나올 데 나오고 들어갈 데 들어간' 이상적인 몸매를 가지게 되는데, 우리네 인생사가 그렇듯 황금기는 그리 오래 가지 않는다. 서서히 노화가 진행되면서 여성의 피부는 거칠어지고 여성 고유의 매력을 극대화하는 몸매의 볼륨도 자연스럽게 변형된다. 그러나 운명에 그저 굴복하며 살 수만은 없는 법. 우리에게는 '노력'이라는 무기가 있다. 젊고 당당한 몸매를 유지하기 위한 노력, 즉 어떤 생활습관을 가지느냐에 따라 우리는 실제 나이보다 훨씬 젊어 보이는 몸매를 갖거나, 실제 나이보다 '들어 보이는' 몸매를 갖게 될 수도 있다.

당신의 브래지어는 안녕한가요?

체형에 맞는 브래지어를 찾아서

단도직입적으로 묻고 싶다. 당신은 자신의 **가슴 사이즈**를 정확하게 알고 있는가?

우리나라 20~30대 여성 100명을 대상으로 설문조사를 실시한 결과 약 70%가 본인의 브래지어 사이즈를 '잘 모르겠다'고 답했으며, 응답자의 단 10%만이 정확한 속옷 사이즈를 알고 있는 것으로 나타났다. 또한 브래지어의 사용 기간을 묻는 질문에는 응답자의 78%가 '1년 이상 착용한다'고 답했다.

브래지어는 여성에게 있어 '몸의 기초 화장품'이라고 해도 과언이 아니다. 하지만 단지 겉으로 보이지 않는다는 이유로 많은 여성들이 브래지어에 크게 신경을 쓰지 않는 것이 사실이다.

아무리 비싸고 고급스러운 브래지어라 하더라도 입는 사람의 몸에 맞지 않으면 그것은 '독'이 된다. 특히 외국 브랜드 브래지어의 경우 우리나라 여성의 체형과는 전혀 다른 외국 여성들의 체형에 맞게 제작된 것이기 때문에 착용 시 오히려 가슴 선을 망가뜨리는 원인이 된다는 사실을 잊어서는 안 될 것이다. 또한 소셜커머스나 홈쇼핑의 광고에 혹해서 충동적으로 사들인 브래지어가 입는 사람의 몸에 딱 맞을 확률은 아마 낙타가 바늘귀로 들어가는 것보다 낮을 것이라고 필자는 감히 장담할 수 있다. 단순히 디자인이 예쁘다거나 색상이 마음에 든다는 이유에서 혹은 가격이 저렴하다는 이유로 브래지어를 구입하는 것은 장기적으로 볼 때 자기 몸의 '선'을 망가뜨리는 시발점이 되기 십상이다. 브래지어는 단순한 장식품이 아니라 여성의 가슴선을 아름답게 만들어주는 아주 중요한 도구이기 때문이다.

그렇다면 아름다운 가슴이란 어떤 것일까? 한마디로 볼륨감이 있으면서 건강하고 탄력 있는 가슴을 말한다. 그렇다면 여성의 일생 중 가장 아름다운 가슴을 갖는 시기는 언제일까. 두말할 것 없이 20대다. 20대의 가슴은 별다른 관리를 하지 않아도 있는 그대로 봉긋하고 탄력적이다.

반면 가슴 크기는 연령보다 개인차가 크다. 그리스 신화에서 사랑과 미를 관장하는 여신인 아프로디테를 묘사한 '밀로의 비너스'상을 보면 자연스레 가슴에 눈이 간다. 둥그스름하면서도 알맞게 앞으로 나온 원추형의 형태가 몸의 전체적인 실루엣과 아름답게 조화를 이루고 있다.

서양 여성들은 예부터 가슴을 드러내는 것을 부끄러워하지 않았다. 최근 넷플릭스에서 전 세계적인 인기를 끌고 있는 19세기 시대극 등장인물들의 의상만 봐도 어렵잖게 알 수 있는 사실이다. 가슴을 반쯤 드러내는 것이 부인복의 정장이었던 만큼 여성의 가슴에 대한 자부심과 예찬이 가득했다. 그런가 하면, 우리나라는 작고 아담한 가슴을 미덕으로 여겨 혹여나 가슴이 커질까 봐 꽁꽁 묶고 다닌 시절도 있었다. 하지만 최근에는 아름다운 여체에 대한 인식 변화 덕분에 볼륨감 있는 가슴이 각광받는 시대가 되었다. 실제로 우리나라 여성들의 가슴 사이즈도 현대로 오면서 큰 변화를 겪게 되었는데, 과거에는 우리나라 여성들의 가슴 높이가 7~8cm에 불과했던 것이 최근 자료에 따르면 평균 10~12cm로 증가한 것으로 나타났다.

더불어 최근에는 우리나라에도 가슴 확대 수술을 하는 여성들이 많아졌다. 그러나 가슴 사이즈가 크다고 해서 모두 예쁜 가슴이라고 할 수는 없다. 탐스러운 가슴이 되려면 크기보다는 탄력이 중요하다는 것이 필자의 생각이다. 크지만 탄력 없는 가슴보다는 작아도 처지지 않고 탄력이 있어야 아름다운 가슴이라 할 수 있다. 때문에 가슴 성형을 택하기보다는 자신의 가슴 사이즈를 제대로 알고 자신에게 맞는 브래지어를 꾸준히 착용하는 것이 아름다운 가슴을 만드는 정도이자 지름길이라고 하겠다. 이와 함께 일상에서 틈틈이 실천할 수 있는 가슴 마사지와 가벼운 운동을 병행해준다면 금상첨화!

필자는 이 책을 읽는 독자들만큼은 자신의 가슴 사이즈를 제대로 알고 브래지어를 '독'이 아닌 '도구'로 사용할 수 있게 되길 간절히 바란다.

자, 이제 우리에게 필요한 것은 뭐다? 오직 하나, 바로 줄자다.

자신의 가슴 사이즈를 정확하게 재기 위해서는 두 가지가 필요하다. 윗가슴 둘레와 밑가슴 둘레다.

윗가슴 둘레를 잴 때는 똑바로 선 상태에서 윗가슴 볼륨이 가장 높은 유두를 중심으로 줄자를 수평으로 둘러 측정한다. 가슴이 비교적 크거나 늘어진 사람일 경우 가슴을 받친 상태에서 재는 것이 정확하다.

밑가슴 둘레는 가슴 바로 아랫부분을 측정한다. 이때 컵의 크기는 윗가슴 둘레와 밑가슴 둘레의 차이로 결정된다. 즉 윗 가슴 둘레에서 밑가슴 둘레를 빼면 자신에게 맞는 가슴 컵 사이즈를 알 수 있다.

윗가슴 둘레와 밑가슴 둘레의 차이에 따른 컵 분류는 아래와 같다.

■ 컵 사이즈 정하기

윗가슴 둘레 - 밑가슴 둘레 =

7.5cm 내외	A컵
10cm 내외	B컵
12.5cm 내외	C컵
15cm 내외	D컵
17cm 내외	E컵
20cm 내외	F컵
22.5cm 내외	G컵

■ 밑 사이즈 정하기

밑가슴 둘레 =

68 ~ 72cm	70
73 ~ 77cm	75
78 ~ 82cm	80
83 ~ 87cm	85
88 ~ 92cm	90
93 ~ 97cm	95

정리해보자. 예를 들어, 윗가슴 둘레가 85cm이고 밑가슴 둘레가 75cm라면 그 차이가 10cm이므로 당신의 브래지어 사이즈는 75B컵이 되는 것이다.

하지만 밑가슴 둘레를 측정할 때 사이즈가 75, 80, 85처럼 딱 떨어지는 경우란 그리 흔치 않다. 예를 들어 밑가슴 둘레를 쟀더니 77.5cm가 나온 경우에는 어떻게 해야 할까? 75사이즈로 할지 80사이즈로 할지 고민될 것이다.

사이즈 표 상에는 75사이즈, 윗가슴 둘레는 86cm라고 가정할 때 컵 사이즈는 B컵 그러면 75B를 선택하면 된다. 다만 0.5cm 차이로 사이즈가 마음에 걸리고 품이 타이트한 것이 부담스럽다면 80A컵도 맞는 사이즈로 선택해도 된다.

통상 컵 용량은 품 사이즈 한 단계 위와 한 단계 작은 컵이 같다. 예를 들어 80C 컵은 75D와 90B 사이즈와 컵 용량이 같다고 보면 된다

이로써 당신의 정확한 가슴 사이즈를 알게 됐다. 그러면 이제 남은 것은 단 하나. 자신의 가슴 모양에 맞는 브래지어를 찾는 것이다. 여성의 가슴은 그 크기와 모양이 각 사람의 얼굴만큼이나 제각각이기 때문에, 자신에게 맞지 않는 브래지어를 착용해서는 아름다운 가슴선을 찾을 수가 없다.

가슴이 작은 사람은 대부분 가슴이 커 보이기를 원할 것이다. 그렇다고 해서 무조건 패드가 많이 들어간 이른바 '뽕브라'만 고집하는 것만큼 어리석은 짓도 없다. 그보다는 가슴 주변에 흩어져 있는 지방을 끌어모아 가슴 형을 고정시킬 수 있도록 돕는 브래지어를 착용함으로써 예쁜 가슴을 만들어가는 것이 장기적으로 볼 때 현명한 일이다.

반면, 가슴이 풍만한 사람도 나름대로 고충이 있다. 걷거나 뛸 때 가슴이 출렁거리는 느낌이 싫다거나, 주변 사람들의 시선이 신경 쓰인다고 해서 몸에 꽉 조이는 브래지어로 가슴 출렁임을 막는 경우다. 이런 경우에는 가슴을 적당히 감싸주면서 가슴 전체를 안정적으로 받쳐줄 수 있는 디자인의 브래지어를 착용함으로써 고충을 해결할 수 있다.

우리가 브래지어를 착용하는 이유는 가슴을 압박해서 억지로 고정시키거나, 볼륨을 과장하는 것이 아니라 가슴선을 봉긋하게 올려주어 풍만한 가슴으로 만들어주는 동시에 가슴이 처지는 것을 막기 위한 것임을 잊지 말아야 할 것이다.

내 가슴 바로 알기

앞서 여성의 가슴은 얼굴 생김새만큼이나 그 크기나 모양이 다양하다고 언급

한 바 있다. 수많은 케이스를 전부 유형화할 수는 없지만, 대표적인 몇 가지 가슴 모양을 제시하고자 한다. 자신의 체형과 가슴 모양이 어떤 유형에 속하는지 체크하고 그에 맞는 브래지어 스타일을 찾아보도록 하자.

1. 옆으로 퍼진 가슴
　유두의 간격이 넓고 겨드랑이 부분 쪽으로 볼륨이 퍼진 유형
2. 납작 가슴
　가슴 볼륨이 아주 작은 유형
3. 풍만한 가슴
　가슴 전체가 풍성하고 볼륨이 큰 유형
4. 새가슴
　흉부가 앞으로 돌출되어 가슴과의 관계가 확실하지 않은 유형
5. 처진 가슴
　출산 후 많은 여성에게 나타나는 가슴 형태로 윗가슴에 힘이 없고 아래로 축 처진 유형

■ 내 가슴에 딱 맞는 브래지어 사이즈 찾기

사이즈	70	75	80	85	90
A	아주 마른 체형에 가슴 볼륨이 없는 형	약간 마른 체형에, 가슴 볼륨이 없는 형	보통 체형에, 가슴 볼륨이 없는 보편적인 한국 여성 체형	살집은 있으나, 가슴 볼륨이 없는 형	살집이 있는 체격에 가슴이 없는 형
B	아주 마른 체형에 가슴 볼륨이 약간 있는 형	마른 체형에 가슴 볼륨이 약간 있는 형	보통 체격에 가슴 볼륨이 약간 있는 형	살집이 있고, 가슴 볼륨이 약간 있는 형	살집이 있는 상체에 가슴 볼륨이 있어 풍만해 보이는 형
C	아주 마른 체형에 가슴 볼륨이 예쁘게 있는 형	날씬한 체형에 가슴 볼륨이 예쁜 형	보통 체격에 가슴 볼륨이 있어 예쁜 형	통통해 보이면서 가슴도 있는 형	가슴 볼륨이 커서 상체가 커 보이는 형
D	아주 마른 체형에 가슴 볼륨이 풍만한 형	날씬한 체형에 가슴이 글래머인 형	보통 체격에 가슴 볼륨이 큰 글래머형	통통하고, 가슴 볼륨이 커, 속옷을 잘못 착용하면 통통해 보이는 타입	살집과 가슴 볼륨으로 속옷을 잘못 착용하면 더 큰 체격으로 보일 수 있음
E	아주 마른 체형이나 가슴 볼륨이 커, 가슴이 빨리 처질 수 있는 체형	날씬한 체형에 가슴이 약간 큰 형. 부드러운 피부는 늘어지기 쉬움	보통 체격에 가슴이 큰 체형	통통해 보이면서 가슴도 큰 형 가슴이 늘어지기 쉬움.	살집이 있는 체격에 큰 가슴으로 불편함을 느낄 수 있음
F	마른 체형에 비해 가슴이 너무 큰 체형. 가슴 무게로 어깨가 굽어 보일 수 있는 체형	날씬하고 가슴이 커서 고민하는 형. 부드러운 피부는 많이 처질 수 있으므로 가슴 관리가 필수	보통 체격에 가슴이 아주 큰 체형	통통한 체형으로, 가슴이 커서 고민하는 형. 가슴이 처질 수 있으므로 관리 필수	큰 상체와 무거운 가슴을 관리해 줄 수 있는 속옷 착용으로 바른 자세 유지 필수

개미처럼 살기는 싫어도 개미허리는 되고 싶은 당신에게

얼핏 보기에는 시대와 문화가 변함에 따라 여성의 아름다움 그중에서도 이상적인 몸매에 대한 평가도 달라져 온 것처럼 보이지만, 시대를 막론하고 심지어 남녀를 불문하고 꾸준히 이어져 온 '선호' 항목이 있다. 바로 여성의 '잘록한 허리'다. 예를 들어 1990년대 미스 아메리카는 1950년대 미인에 비해 몸무게가 무려 1/2 정도에 그칠 정도로 마른 몸매의 소유자였다. 그러나 미인들의 몸무게는 눈에 띄게 줄었을지언정 허리 사이즈는 '최소한'의 치수를 유지했다. 왜 우리는 너나할것없이 일명 '개미허리'에 이토록 열광하는 것일까?

텍사스 대학의 심리학 교수인 데벤드라 싱(Devendra Singh)은 허리와 엉덩이의 비율, 즉 엉덩이 치수에 대한 허리 치수의 비율을 중시했다. 이 비율에 여성적인 신체미의 모든 요소가 담겨 있다는 것이다. 실제로 사춘기까지 소년과 소녀의 허리-엉덩이 비율은 비슷한 수치를 나타내지만, 사춘기에 접어들면서 성호르몬의 영향으로 소녀들은 가슴과 엉덩이가 커진다.[9]

반면 허리는 전체 실루엣 중 가장 가늘어져서 허리에서 엉덩이까지의 비율이 0.7로 작아진다. 즉 허리-엉덩이 비율이 낮으면 낮을수록 '나는 여성호르몬으로 잘 관리된 여성이며, 임산부가 아니고, 아이를 많이 출산하지 않은 여성이다.'라는 분명한 메시지를 보낼 수 있다는 것이다. 이 때문에 남성들은 큰 엉덩이와 잘록한 허리를 가진 여성의 신체를 본능적으로 선호하는 것이라는 게 데벤드라 싱의 설명이다.

그런가 하면 영국의 생물학자 존 매닝은 인류가 날씬한 허리를 선호하는 이유를 생식 능력의 측면에서 찾고자 했다. 그는 날씬한 허리가 우성이며 진화의 산물이라는 주장을 폈는데 이는 허리가 잘록한 여성일수록 여성호르몬인 에스트로겐이 많이 분비되어 임신 가능성이 높다는 것을 지적했다. 또 엉덩이가 크면 산도가 넓어져 분만 시 유리하다는 근거를 내세웠다.

허리와 엉덩이의 비율을 극적으로 높이는 계기는 다름 아닌 임신이다. 임신은 허리와 엉덩이의 크기를 눈에 띄게 바꿔놓는다. 임신 후기가 되면 배와 엉덩이에 피하지방이 최대치로 축적되는데, 이 피하지방이 출산 후에도 그대로 남게 되면 잘록한 허리와는 영영 이별하게 되는 것이다.

간혹 "저는 통나무 몸매를 타고났어요!"라고 말하는 여성들이 있다. 그러나 단언컨대 선천적으로 허리가 뚱뚱한 여성은 없다. 가슴이나 엉덩이의 모양이 태어날 때부터 조금씩 다른 것과는 달리 허리선은 후천적인 영향에 의해 좌우된다. 과식을 일삼는다거나, 먹는 양에 비해 운동량이 현저히 적어 몸에 피하지방이 많이 쌓이게 되면 가장 먼저 흔적을 감춰버리는 것이 바로 **'허리선'**이다.

허리선은 옷을 입었을 때 가장 아름다운 실루엣을 만들어 주는 핵심 중의 핵심이다. 그러나 20대에는 별다른 노력을 하지 않아도 26인치였던 허리가 출산과 육아를 겪으면서 어느새 29인치도 모자라 30인치를 훌쩍 뛰어넘어버리는 경우가 얼마나 많던가!

일명 절구통 몸매가 되어 자존감이 낮아지고 거울 앞에 설 때마다 한숨만 푹푹 쉬면서 백세 인생을 살아갈 순 없다. 이미 흐트러진 허리선이라 하더라도 다시 잃어버린 허리선을 되찾을 분명한 방법이 있다. 바로 웨이스트 니퍼의 도움을 받는 것이다. 웨이스트 니퍼는 젊음의 상징인 '잘록한 허리선'을 찾아줄 뿐 아니라 허리의 균형을 잡아 주어 자세 교정에도 큰 도움이 된다. 실제로 평생 웨이스트 니퍼를 한 번도 입어보지 않았던 여성이 웨이스트 니퍼를 착용했을 때 전체적인 실루엣이 정리되면서 3cm 정도 허리선이 날씬해진 것을 관찰할 수 있었다.

웨이스트 니퍼, 내 허리의 수호천사

웨이스트 니퍼는 속옷 중에서도 보정력이 강한 편에 속한다. 때문에 같이 입는 속옷에도 각별히 신경을 써야 한다. 이때 거들은 하드한 제품보다는 적당히 긴장감을 주는 부드러운 소재를 선택하는 것이 좋다.

웨이스트 니퍼는 허리 보정 효과가 탁월한 만큼, 제대로 입지 못하면 오히려 허리선을 망가뜨리는 원인이 될 수 있다는 점을 명심하자. 웨이스트 니퍼를 고를 때 가장 먼저 고려해야 할 점은 바로 자신의 허리선을 찾는 것이다.

가장 이상적인 허리선의 위치는 자연스럽게 서 있을 때 팔꿈치와 맞물리는 지점이다. 웨이스트 니퍼가 이보다 아래쪽에 위치한다면 자신의 체형과 맞지 않는 것이므로 망설이지 말고 당장 벗어버리도록 하자. 자신의 사이즈에 맞지 않는 웨이스트 니퍼를 입게 되면 허리선 자체가 엉뚱한 데로 이동하거나 허리의 피하지방이 아랫배로 이동하는 불상사가 일어날 수 있기 때문이다. 그렇다면 자신에게 맞는 웨이스트 니퍼 사이즈를 어떻게 알 수 있을까? 허리 사이즈를 기준으로 자신의 치수를 선택하면 된다.

신체 치수에 따른 사이즈 분류는 다음과 같다.

나의 니퍼 사이즈 찾는 방법

사이즈(호칭)	58	64	70	76	82	90
허리 (cm)	55 ~ 61	61 ~ 67	67 ~ 73	73 ~ 79	79 ~ 86	86 ~ 94

자신에게 맞는 사이즈를 찾았다면, 이제 '니퍼'라는 수호천사를 내 허리에 파견할 차례다. 웨이스트 니퍼를 제대로 입으려면 잊어서는 안 되는 것이 있다. 바로 '아래에서 위로' 규칙이다. 웨이스트 니퍼를 입을 때는 제품을 위로 당기듯 아래쪽에서 위쪽으로 훅을 채워주어야 한다. 겉옷 단추를 채우듯 위에서 아래로 내려가게 되면 피하지방이 아래로 몰려 체형 보정에 어려움이 생기기 때문이다. 아래에서 위로 훅을 채우고 난 뒤에는 당겨진 살이 브래지어와 잘 이어지도록 만져주면서 전체적인 실루엣을 정돈해주면 끝.

웨이스트 니퍼를 입는 목적은 허리선의 피하지방을 위아래로 이동시켜 균형 잡힌 체형으로 보정하기 위한 것이라는 사실을 기억하면서, 모두 웨이스트 니퍼의 도움을 받아 '게 눈 감추듯' 사라져버린 허리선을 되찾을 수 있기를 바란다.

볼륨미의 절정, 엉덩이를 사수하라

힙한 '힙 미인'이 되고 싶다면

지구촌 시대를 지나 글로벌 일일생활권 시대까지. 이제 지구 반대편에서 일어나는 일도 우리 집 안방 아니 내 손바닥 안에서 훤히 들여다볼 수 있는 시대다. 바야흐로 문화 콘텐츠도 OTT 서비스의 바람을 타고 국경을 넘나들며 자유자재로 소비되고 있다.

그중에서도 특히 K-pop과 K-드라마의 매력은 전 세계인의 마음을 사로잡기에 충분하다는 게 미디어 전문가들의 평가다. 이러한 K-콘텐츠의 열풍에는 뛰어난 콘텐츠 기획과 연출력이 뒷받침되어 있기 때문이기도 하지만, 한편으로는 우리나라 사람들의 매력적인 외모 또한 한몫을 했다는 것이 필자의 생각이다. 내로라하는 글로벌 배우들과 견주어도 일절 손색이 없다. 이는 비단 배우뿐만 아니라 일반인 여성들의 미모도 마찬가지다. K-뷰티 산업이 세계 경제 불황에도 불구하고 호황을 누리는 데는 그만한 이유가 있지 않겠는가. 그런데 콘텐츠 소비자의 눈을 잠시 내려놓고, 속옷 디자이너의 시선으로 우리나라 여성들의 몸매를 봤을 때 딱 한 가지 아쉬운 점이 있다. 그것은 다름 아닌, '**힙**'이다.

우리나라 여성들의 평균 몸매를 글로벌 미녀들과 비교했을 때 가장 취약한 부분은 뭐니뭐니해도 '밋밋하고 평평한' 힙라인이다. 그러나 주목할 만한 점은, 대부분의 경우 선천적인 체형 탓이라기보다는 평소의 생활 습관과 무심코 혹은 잘못 입은 팬티 때문에 힙라인이 납작해진 경우가 더 많다는 사실이다.

우리나라 여성들은 좌식생활과 온돌문화의 영향으로 (물론 현대는 입식 생활 문화가 보편화되어 가는 추세이긴 하나) 힙과 하체 라인이 비교적 뚱뚱한 편이다. 같은 동양권 문화를 가지고 있는 일본만 하더라도, 엉덩이를 바닥에 직접 붙이지 않고 무릎을 꿇어앉는 일명 '다다미 문화'가 보편화되었기 때문에 힙라인이 우리나라 여성보다 한층 '업' 되어 있는 걸 알 수 있다. 힙이 아래로 처지거나 납작한 경우 다리가 짧아 보이고 하체 라인이 전체적으로 볼륨을 잃어 여체의 매력을 반감시킬 수밖에 없다.

엉덩이는 뼈와 대둔근 그리고 지방으로 이루어져 있다. 엉덩이가 처지는 것은 엉덩이에 분포한 근육인 대둔근의 힘이 여러 요소로 인해 약해졌기 때문이다. 근육이 운동을 하지 않으면 쓸데없는 지방의 축적이 더 활발하게 이루어져 결국 엉덩이가 탄력을 잃고 축 처지게 되는 것이다.

대둔근이 약한 사람들의 특징을 유형별로 나눠보면 크게 다섯 가지로 정리할 수 있다.

첫째, 장시간 앉아서 업무를 보는 사람

둘째, 운동을 전혀(거의) 하지 않는 사람

셋째, 몸 전체적으로 살집이 있는 사람

넷째, 펑퍼짐한 옷을 즐겨 입는 사람

다섯째, 일상생활에서 활동량이 지극히 적은 사람이다.

이 밖에도 만성변비를 앓고 있거나 생리가 불규칙한 사람 그리고 소화가 잘 안 되거나 혈액순환이 잘 안 되는 여성의 경우 대둔근이 퇴화해 엉덩이가 처지는 경우가 많다.

여성의 몸에서는 사춘기 이후부터 호르몬 분비가 활발하게 이루어진다. 그 영향으로 엉덩이와 팔다리에 지방이 축적되는데 이때 지방세포의 하수 현상이 일어나면서 피하지방은 우리 몸의 여러 부위 중 긴장이 느슨한 곳으로 이동해 정착하게 된다. 이럴 때 알맞은 속옷으로 체형을 보정해 주면 볼륨 있는 몸매가 만들어지는 것이다. 현대 여성들은 활동하기 편한 스키니 진이나 슬랙스 등을 즐겨 입는데 꼭 몸에 딱 붙는 스키니 진이 아니라 하더라도 볼륨 있는 힙은 어떤 옷을 입든 옷맵시를 최상으로 끌어 올려주는 키 중의 키라고 할 수 있다. 그런데 속옷 하나만 올바르게 입어도 그 행운의 열쇠를 손에 넣을 수 있다니! 지금까지는 몰라서 못 했다면, 그 사실을 알게 된 이상 안 할 수가 없지 않은가?

'힙한 힙라인'을 갖기 위해서 가장 먼저 챙겨야 할 속옷은 두말할 것 없이 팬티다. 팬티는 우리 몸의 가장 중요한 부분을 커버하는 역할을 하는 동시에 신체 분비물을 흡수하기 위해 누구나 입어야 하는 속옷이다. 그러나 팬티의 역할은 이뿐만이 아니다. 팬티는 엉덩이의 실루엣을 잡아 주는 '부드러운 틀'이라고 할 수 있다.

대부분의 여성들이 선호하는 미니 팬티는 자궁에 압박감을 주어 자칫하면 냉증을 유발할 수 있을 뿐 아니라 힙 주변의 피하지방이 옆으로 밀려 허벅지로 이동하면서 빵빵해야 할 힙은 밋밋해지고 오히려 애꿎은 허벅지만 굵어지게 된다. 그렇다면 어떤 팬티를 입어야 할까?

엉덩이 볼륨에 좋은 팬티는 힙의 둥근 모양을 살아나게 하는 한편, 힙라인을 파고들지 않는 것이 좋다. 또 기본적으로 힙의 형태를 전체적으로 잘 감싸주고 움직임에 불편함이 없어야 한다. 그리고 무엇보다 자신의 힙 사이즈를 기준으로 알맞은 팬티 치수를 골라야 한다.

나에게 맞는 팬티 사이즈 찾기

사이즈(호칭)	85	90	95	100	105	110
힙 (cm)	79 ~ 89	83 ~ 93	86 ~ 96	89 ~ 99	91 ~ 101	101 ~ 111

속옷 서랍을 열어 당신이 가지고 있는 팬티들을 쓱 훑어보라. 몸에 꽉 끼거나 허리선이 배꼽 한참 아래로 내려오는 미니 팬티들로 가득하지 않은가? 혹은 마트 세일 코너에서 할인율이 크다는 이유로 신체 사이즈를 무시한 채 골라 담은 팬티들이 빼곡하지 않은가?

지금부터 필자와 함께 좋은 팬티를 골라보자. 일단 좋은 팬티는 손으로 들고 살펴보았을 때 뒷부분이 깊고 신축성이 있는 면 혹은 모달 소재 제품이 좋다. 또 가장 안쪽에 입는 속옷인 만큼 입체감이 있어야 한다. 입체감 있는 팬티를 고르려면 팬티 허리를 손으로 넓혀서 위에서 내려다보는 수고를 거쳐야 한다. 이렇게 했을 때 좋은 팬티는 힙의 둥근 모양이 나타나지만, 나쁜 팬티는 그대로 아래로 축 처져 버린다. 또한 팬티를 세로로 반 접었을 때 둥근 형태의 입체감이 살아나는지도 확인해야 한다.

힙라인을 망가뜨리는 '보기에만 섹시한 미니 팬티'는 이제 벗어버리자. 전체적으로 힙을 감싸면서 엉덩이 모양을 볼륨 있게 만들어 주는 팬티를 고르는 것이 장기적으로 볼 때 여성의 소중한 부위의 건강을 위해, 그리고 아름다운 몸매를 위해서도 지혜로운 일이기 때문이다. 섹시한 미니 팬티는 어쩌다 한 번, 특별한 날에만 살짝 꺼내 입어도 충분하다!

예쁜 엉덩이의 탄생을 거들어주는 '거들'

팬티가 하반신의 기초 화장품이라면 거들은 하반신의 색조 메이크업이라고 할 수 있다. 아이라인과 아이섀도로 눈의 매력을 한층 업그레이드 하듯이 거들은 하반신의 라인을 아름답게 잡아 주는 역할을 한다. 또 허벅지의 불필요한 살들을 강하게 위로 밀어 올려서 힙라인을 업시켜줌으로써 섹시한 힙라인을 만들어 주는 일등공신의 역할을 톡톡히 해낸다.

여성들에게 반드시 거들이 필요한 시기는 '출산 후'부터다. 거들은 임신과 출산으로 인해 늘어진 피부에 셰이프업 효과를 주기 때문이다. 그렇다면 나에게 맞는 거들 사이즈는 어떻게 알 수 있을까? 이때는 허리 사이즈와 힙 사이즈를 복합적으로 고려해야 한다.

나에게 맞는 거들 사이즈 찾기

사이즈	58	64	70	76	82	90
허리 (cm)	55 ~ 61	61 ~ 67	67 ~ 73	73 ~ 79	79 ~ 86	86 ~ 94
힙 (cm)	79 ~ 89	83 ~ 93	86 ~ 96	89 ~ 99	91 ~ 101	101 ~ 111

거들은 크게 세 가지 종류로 나눌 수 있다. 강한 피팅력으로 비교적 피부가 단단한 사람들에게 효과적인 하드 타입과 피부 타입에 구애받지 않고 적당한 긴장감을 느낄 수 있게 해주는 미디엄 타입. 그리고 피부가 부드럽고 물렁살인 사람들이나 조이는 느낌에 심한 거부감을 가진 사람들에게 알맞은 소프트 타입이 그것이다. 보통 자신의 살이 단단한지 물렁한지에 따라 거들의 종류를 선택하는 것이 가장 바람직한데, 그중에서도 살이 물렁물렁한 사람인 경우에는 실제보다

조금 큰 사이즈를 선택하는 것을 추천한다. 이 경우 몸에 딱 맞는 사이즈의 거들을 착용하게 되면 허리나 엉덩이 둘레로 살이 삐져나올 수 있기 때문이다.

그렇다면 거들은 어떻게 입어야 할까?
1. 무작정 끌어올려 입을 경우 임파선 부분에 무리가 갈 수 있으므로 밖으로 두세 번 말아서 입는다.
2. 거들의 양쪽 끝부분을 잡고 두세 번에 걸쳐 가볍게 허리까지 끌어올린다.
3. 허벅지로 처진 지방을 힙으로 모아주기 위해 한 손을 거들 안에 집어넣어 힙라인과 맞도록 고정시킨다.

슬기로운 세탁 생활

속옷은 우리 피부에 직접 닿느니만큼 '제2의 피부'라고 불린다. 그만큼 구매부터 세탁까지 각별한 신경을 써야 하는 아이템이라는 뜻이다. 속옷은 입고, 벗고, 세탁하고, 말리고, 보관하는 데까지 세심한 관심을 쏟아야만 그 수명을 연장할 수 있다. 특히 속옷의 대부분이 섬세하고 부드러운 소재로 이루어져 있기 때문에 겉옷의 세탁에 쏟는 관심 이상의 세심한 관리가 필요하다. 피부 관리를 위해 에스테틱 숍에 가고, 손톱 관리를 위해 네일 숍에 가는 것처럼, 제2의 피부인 속옷을 위해서 우리는 '슬기로운 세탁 생활'을 시작해야 한다.

속옷 세탁 전 체크 포인트

첫째, 속옷 라벨을 확인하라!
모든 의류 라벨에는 친절하게도 세탁 방법이 그림으로 상세하게 표시되어 있다. 세탁법과 염소계 표백제의 사용 가능성 여부, 다림질 방법, 드라이클리닝, 탈수 방법, 건조 방법 등 6가지 항목이 표시되어 있으므로 세탁 전에 반드시 속옷의 라벨을 확인하고 특히 '엑스표'가 되어 있는 부분을 눈여겨 봐두도록 하자.

둘째, 반드시 기능성 속옷 전용 세제를 써라

속옷의 소재에 따라 알맞은 세제를 선택해 적당량을 사용해야 한다. 일반적으로 면 100% 제품은 중성세제를 사용하는 것이 좋다. 그러나 보정력과 기능성을 갖춘 에띠임 속옷만큼은 반드시 기능성 속옷 전용 세제를 써야 한다. 또 많은 양의 세제를 풀어 속옷을 오래 담가두는 것도 원단 손상의 원인이 될 수 있으니 속옷 빨래할 때도 잊지 말자.

셋째, 세탁 순서를 지켜라!

먼저 와이어가 있는 제품은 세탁 망을 이용해서 세탁하는 것이 좋다. 그러나 제일 좋은 것은 손세탁이다.

세탁기를 사용할 경우 여러 번 돌리기 귀찮다고 일반 세탁물과 속옷을 함께 세탁하는 경우가 적지 않다. 하지만 세탁에도 엄연한 순서가 있는 법. 세탁물은 오염이 적은 것, 엷은 색 순서로 세탁하고 색깔 있는 속옷과 흰색 속옷 또한 분리해서 세탁해야 한다. 또한 진한 색상의 속옷의 경우 흰색 속옷을 물들게 할 수 있으니 반드시 분리 세탁하는 것이 좋다. 세탁기를 여러 번 돌리는 것이 부담스럽다면, 손빨래하는 것을 강력히 추천한다.

넷째, 세탁 전 속옷 상태를 체크하라!

속옷 특성상 레이스나 비즈 같은 장식이 달려 있는 경우가 많다. 세탁 전 반드시 장식 부분이나 봉제선을 확인하여 실밥이 풀린 것은 깔끔하게 수선한 뒤 세탁한다. 그렇지 않으면 올이 풀린 실밥이 온갖 빨래를 휘감아 뜻밖의 고생을 하게 될 것이다.

기능성 속옷 세탁, 이렇게만 하면 10점 만점에 10점

1. 기능성 속옷은 가급적 세탁기보다 손빨래하는 것이 좋다는 것을 거듭 강조한다. 속옷의 소재 특성상 손으로 부드럽게 빠는 것이 원단 손상을 줄이는 가장 좋은 방법이라는 것을 잊지 말자.

2. 세제 사용 시 반드시 기능성 속옷 전용 세제를 쓴다. 또한 염소계 표백제나 섬유유연제는 기능성 속옷의 특성인 회복력과 탄성력을 떨어뜨리므로 사용을 피하는 것이 좋다.

3. 반드시 세제가 완전히 물에 녹은 다음 속옷을 넣고 조물조물 비벼준다.

세제가 물에 다 녹지 않은 상태에서 속옷을 넣으면 형광제가 부착되어 변색의 원인이 된다. 특히 세제를 속옷 위에 직접 뿌리는 것은 절대 금물! 좋은 기능성 속옷을 오래 입고 싶다면 반드시 순서를 지켜야 한다.

바디슈트를 비롯한 기능성 속옷을 세제에 오래 담그거나 센 힘으로 비벼서는 안 된다. 그럴 경우 기능이 소실될 수 있으므로 반드시 유의해야 한다.

4. 세제 성분이 남아 있지 않도록 여러 번 충분히 헹군다. 세제가 속옷에 남게 되면 속옷을 누렇게 변색시키거나 얼룩이 생기게 하는 원인이 되기 때문이다.

기능성 속옷 세탁의 완성은 '건조'

1. 속옷은 세탁 후 손으로 직접 물기를 짜낼 시 형태가 일그러질 수 있으므로 세탁 후 먼저 옷걸이에 걸어 수분을 제거해주는 것이 좋다. 레이스 부분은 양손에 끼워 가볍게 두들겨서 물기를 털어낸다.

2. 속옷은 직사광선을 피해 통풍이 잘 되는 그늘에서 말려야 모양이 뒤틀리지

않을뿐더러 변색을 막을 수 있다. 또한 브래지어 컵 부분은 손가락 끝으로 주름을 펴고 볼륨을 정리한 후 건조시키면 컵의 손상을 막아 오래 착용할 수 있다.

 3. 바디슈트와 브래지어 등은 세탁한 후에 물이 빠진 다음 옷걸이에 걸어 건조시키는 것이 좋다. 특히 어깨끈이 얇거나 어깨끈이 레이스로 이루어진 제품은 반으로 접어 옷걸이에 건 후 건조시켜야 늘어짐을 막을 수 있다.

왜 이제야 썼나? 위그

나이가 들면 눈에 띄게 달라지는 신체 변화들이 있다. 피부에는 주름이 늘고 색소 침착이 심해지면서 피부색이 칙칙하게 변한다. 또 같은 양의 식사를 해도 쉽게 살이 찔뿐더러, 몸을 움직이는 것도 점점 더 귀찮아지게 마련이다. 이런 노화의 수많은 변화 가운데서도 가장 쉽게 알아차릴 수 있는 부분이 바로 머리카락 색깔이다. 흰 머리가 늘어나는 것이다.

우리 몸에서 노화가 진행되면 체내에 과산화수소 분비량이 증가하게 되는데, 이 물질이 머리카락을 검게 만드는 멜라닌세포를 파괴하면서 머리가 하얗게 세게 된다. 이쯤 되면 어떤 궁금증이 생긴 독자가 적지 않으리라. 아직 노화가 진행되지도 않은 10대, 20대에 새치가 나서 고민인 사람들은 어떻게 된 걸까?

실제로 마흔 살이 되기도 전에 흰머리가 생긴 사람의 비율은 10명 중 4명꼴로 결코 적은 편이 아니다. 이에 대해 서울대병원 피부과 의료진이 흰머리가 일찍 생긴 10~20대 남성 1,600명을 대상으로 연구를 진행했더니 일찍 흰머리가 나는 가장 핵심적인 요인은 '가족력'인 것으로 밝혀졌다. 실제로 부모가 이른 나이에 흰 머리가 났다면 자식도 그럴 위험이 19배가 올라간 것이다. 또한 비만이 있으면 흰 머리가 일찍 날 확률이 그렇지 않은 사람에 비해 약 2.6배 올라가는 것으로 나타났는데, 잘못된 식습관과 불규칙적인 생활 패턴이 모낭에서 멜라닌세포가 검정 색소를 만들어내지 못하도록 작용하는 원인이 되기 때문이다. 더불어 스트레스가 심할 때 흰 머리 발생 위험이 약 1.6배 높아진다고 하니, 자신만의 스트레스 해소법을 만들어 그때그때 쌓인 스트레스를 풀어주는 것이 모발 건강을 위한 최고의 노력이라 할 수 있겠다.

몸이 보내는 노화의 신호는 머리카락의 색깔뿐만이 아니다. 머리카락 밀도에도 변화가 생긴다. 유전적 영향에 의해 개인차가 있지만 대부분 40대를 기점으로 머리카락의 개수가 줄어들기 시작하고 머리카락 표면을 보호하는 큐티클을 형성하는 세포 기능이 떨어지면서 머리카락이 가늘어지고 탄력을 잃게 된다.

또한 중년에 접어들면서 머리카락의 성장기는 짧아지고 휴지기가 길어지기 때문에 머리카락이 자라는 성장 속도도 느려지기 시작한다. 아니 나이가 드는 것도 서러운데 하나부터 열까지 '안 좋아진다', '느려진다'는 말들뿐이니 이거 원. 그렇다고 나이 듦을 한탄하고 있을 수만은 없는 일이잖은가? 이제까지 늘 그래 왔듯 우리는 주어진 자리에서 최선을 다해 우리의 건강과 아름다움을 가꾸어 나갈 방법을 찾아야 할 것이다.

나이 들수록 줄어드는 머리숱

탈모가 이미 진행된 사람의 경우, 상황이나 분위기에 맞게 자신의 헤어 스타일을 자유롭게 바꿀 수 없을 뿐 아니라 자신의 외모에 만족하지 못해 사회생활이나 대인관계에서도 부정적인 영향을 받기 쉽다. 그만큼 헤어스타일이 한 사람의 이미지에 미치는 영향이 크기 때문이다.[10]

실제로 2020년 영국의 전자제품 기업인 다이슨이 우리나라 수도권에 거주하는 20~59세 남녀 약 550명을 대상으로 진행한 한 설문조사에서 응답자의 약 85%

가 '전체적인 스타일에서 가장 중요한 요소는 헤어스타일'이라고 응답했다고 한다. 연령, 성별과 상관없이 우리나라 사람들에게 헤어스타일은 가장 큰 관심사 중 하나라는 것이다. 그만큼 헤어스타일에 대한 고민도 유난히 깊고 다양하다.[11]

또 한 조사에 따르면, 탈모 환자 중 약 60.5%가 외출할 때 탈모 부위를 감추기 위해 신경을 쓴다고 답했고 그중 34.9%는 모자나 가발을 착용하는 것으로 나타났다.

사실 탈모는 현대인들만의 고민거리가 아니다. '탈모'는 고대 이집트 의학서에도 등장한다. 심지어 그 책에는 '탈모에는 하마, 악어 지방을 섞어 머리에 발라라.'는 처방까지 세심하게 적혀 있다고 한다. 그만큼 탈모는 수천 년 전부터 인류를 괴롭힌 고민거리였다는 뜻이리라. 심지어 세계 만물의 이치를 탐구하던 철학자 아리스토텔레스조차 탈모를 극복하기 위해 염소 오줌을 사용하는 수고를 아끼지 않았다고 하니, 이쯤 되면 우리 시대에 '탈모 클리닉'이 호황을 누리는 것도 이상한 일이 아니지 싶다.

일반적으로 성인은 머리카락이 약 10만 개 가량 되는데 빠지는 것이 새로 나는 것보다 많거나 두피가 드러날 정도로 머리카락이 많이 빠진 경우를 탈모라고 부른다. 우리가 흔히 대머리라고 부르는 남성형 탈모증은 50세 이상 남성 4명 중 1명에게서 나타날 정도로 흔한 탈모 질환이다. 처음에는 앞머리와 정수리에서 머리카락이 빠지기 시작해서 점차 두피 전체로 확대되는 게 일반적이다. 반면 여성 탈모도 지속적으로 증가하는 추세다. 대개 이마와 연결되는 부위의 머리카락은 대체로 잘 유지되는 편이지만 정수리 부분에서 탈모가 서서히 발생하는 특징이 있다.

또한 요즘 들어 남녀노소를 막론하고 심심찮게 발견되는 탈모 질환으로는 '원형 탈모'가 대표적이다. 이렇다 할 자각 증상 없이, 다양한 크기의 원형 혹은 타원형으로 머리카락이 빠지는 것이다. 적게는 한 개에서부터 많게는 서너 개까지 탈모 부위가 생길 수 있는데, 보통 수개월 뒤 자연스럽게 머리카락이 다시 나게 되지만 재발하는 경우가 많기에 지속적인 관리가 필요하다. 수천 년 전부터 인류를 괴롭혀 온 탈모. 그 원인은 어디에서 찾아야 할까.

사실 탈모의 원인을 한 가지로 콕 집어 정의하기란 쉽지 않다. 그야말로 다양한 원인이 존재하기 때문이다. 대표적인 원인으로는 유전과 남성호르몬의 과다 분비, 노화 등을 손꼽을 수 있겠다. 최근에는 과도한 스트레스와 무리한 다이어트로 인한 불균형한 식습관 등이 젊은 층의 탈모 원인으로 자주 언급되기도 한다. 또한 한 달이 멀다 하고 염색, 파마 같은 시술을 받는 것도 탈모를 부추기는 요인 중 하나다.

척척 붙이기만 하면 되는 위그

"갑상선암입니다."

2007년 10월의 일이었다.

세 번의 회사 부도 위기를 간신히 넘기면서 건강을 챙기지 못했던 까닭이었을까! 기절 직전에 병원에 실려가 검사를 한 결과 의사는 암 선고를 내렸고 필자는 수술을 받아야 했다. 다행히 암으로 보였던 종양은 암으로 전이하기 직전인 하시모토 종양이었다.

그때 암이 아닌 것도 너무 감사했지만, 필자의 운명을 바꿔 놓은 또 하나의 사건이 있었다. 그대로 두면 터져서 생사를 달리하거나 전신마비가 될 수 있는 일종의 뇌 질환을 발견한 것이었다. 하마터면 자다가 죽을 수도 있는 상황이었다.

그때 뇌에 생긴 꽈리 제거 수술까지 깨끗이 한 후 필자는 죽을 문턱을 건너 새로운 삶을 시작했다고 해도 과언이 아니다. 그런데 그때부터 다름 아닌 머리숱에 문제가 생겼다. 아니 그 이전에 몸을 혹사시킬 때부터였는지도 모른다. 우수수 빠지기 시작한 머리카락이 빗질을 할 때마다 뭉텅뭉텅 빠지더니 거의 민머리처럼 되어 버렸던 것이다.

그때부터 찾아 써보기 시작한 것이 바로 가발이었다. 국내에 나와 있는 가발은 물론 해외 출장 갈 때마다 틈나는 대로 가발을 찾아 거울 앞에 섰다. 그러나 스타일링이 마음에 들면 착용이 불편했고 이 두 가지가 마음에 들면 가발 쓴 티가 나서 부담스러웠다. '속옷 디자인은 내 마음대로 되지만 헤어 디자인만큼은 내 마음대로 되지 않는구나' 싶어 한숨이 저절로 나왔다.

프랑스 파리 출장 때의 일이었다.

출장을 가면 호텔과 전시장과 공장만 개미 쳇바퀴 돌 듯 다니다가 비행기 타는 즉시 잠에 쓰러져 돌아오는 게 일과였는데 그때는 웬일인지 하루 여유가 남았다. 그래서 그 유명한 에펠탑에 오르게 되었는데 그 날따라 바람이 정말 심각했다. 눈앞에 펼쳐진 파리의 경치보다 필자는 혹시 머리에 쓴 가발이 날아갈까 그게 더 걱정이 되어 고민 끝에 목에 두르고 있던 스카프를 헤어밴드처럼 가발에 장착했다.

궁하면 통한다더니! 가발 날아갈 고민도 사라지고 나름 파리지엔처럼 멋스럽다고 주변에서 한마디씩 칭찬을 하는 것이었다.

순간 '헤어아이디어가 번뜩 떠 올랐다. 밴드 형 가발을 만들면 스타일링이 멋지겠구나, 척척 붙이기만 해도 되는 가발을 만들면 정말 편하겠구나.' 하는 아이디어가 번뜩 떠올랐다.

에펠탑 위에서 떠오른 아이디어에 상상의 날개가 덧붙여진 것이다. 이렇게 탄생된 것이 바로 에띠모 위그다.

나에게 맞는 헤어스타일로 스타일 UP, 자존감 UP!

실제로 헤어스타일 및 머리카락 길이가 한 사람의 인상에 영향을 미친다는 것은 여러 연구를 통해 이미 입증된 바 있다. 일반적으로 한 사람을 매력적으로 인식하는 데는 머리 길이가 큰 영향을 미치는 것으로 나타났는데, 특히 머리카락 길이가 길 때는 상대를 성숙한 이미지로 인식하고, 짧은 쇼트일 때는 상대를 귀여운 이미지로 인식하기 쉽다고 한다.[12]

그렇다면 체형에 따라 어울리는 헤어스타일이 따로 있을까? 두말하면 잔소리다. 체형에 따라 차근차근 살펴보도록 하자.

먼저, 군살이 없이 균형 잡힌 체형은 누가 봐도 이상적인 체형으로 스타일을 연출할 때 특별히 형태에 구애받지 않고 다양한 스타일을 무난하게 소화하기 쉽다.

키가 크고 깡마른 체형일 경우 목덜미 부분에서 무게감을 느낄 수 있도록 굵은 웨이브, 즉 볼륨을 넣어주는 헤어스타일을 추천한다. 특히 목이 긴 경우 앞머리를 내리는 미디엄 기장의 헤어스타일이 목 길이를 커버해주고 한층 생기 있는 이미지를 부여해줄 수 있어 매력을 극대화하기에 안성맞춤이다. 반면 목선이 드러나는 짧은 커트나 지나치게 긴 생머리는 오히려 깡마른 체형을 더 두드러지게 할 수 있으므로 피하는 것이 상책이다.

키가 작고 마른 체형일 경우 목선이 드러나는 쇼트 커트를 추천한다. 쇼트 커트의 경우 시선이 위쪽으로 분산되어 신체 중심이 위로 올라가기 때문에 실제보다 키가 커 보이는 효과를 낼 수 있다. 하지만 긴 머리를 선호한다면 정수리 부분에 볼륨을 넣어 살짝 머리카락을 띄워주는 것도 좋다. 헤어 전체적으로 굵은 웨이브를 넣어주는 것도 귀여운 동안 이미지를 부각시키는 데 효과적이다.

키가 크고 통통한 체형일 경우 신체 중심이 분산될 수 있도록 하는 것이 중요한데, 이때 귀 아래쪽으로 깔끔하게 떨어지는 머리 길이를 유지해주는 것이 좋다. 특히 생머리에 짧게 층을 낸 레이어드 스타일이 잘 어울리는데, 뺨보다 약간 윗부분에 볼륨을 줌으로써 콤플렉스로 작용할 수 있는 볼살을 살짝 가려주고, 얼굴선이 갸름해 보이도록 연출해주면 한층 세련되고 지적인 이미지를 얻을 수 있다. 반면 통통한 얼굴을 커버하기 위해 헤어스타일의 양 사이드에 너무 풍성한 컬을 넣거나 반대로 얼굴 측면을 너무 많이 가리게 되면 오히려 얼굴이 더 커 보이는 역 효과를 낼 수 있으니 주의해야 한다.

키가 작고 통통한 체형의 소유자라면 머리카락의 끝부분 숱을 많이 친 다음 살짝 층을 내어 입체감을 더해주는 스타일을 추천한다. 특히 아담한 체형은 업스타일로 목선을 드러내 주는 것이 한결 시원시원한 이미지를 풍길 수 있으며, 머리카락을 높게 하나로 묶는 포니테일 스타일에 살짝 옆머리를 살짝 내려주는 스타일링 역시 아담한 체형의 귀여움은 살리고, 통통한 볼살을 가려주어 단점을 커버하는 데 제격이다.

한결같은 스타일은 오히려 '독'

생머리에 무심한 듯 툭 걸친 흰 티셔츠와 청바지가 잘 어울리는 여자. 얼굴을 보지 않았는데도 '아름다운 여성'일 거라 지레짐작하게 하는 스타일링이다. 그런데 과연 나이가 든 중년의 여성에게도 저 스타일링이 최선일까? 물론 잘 어울릴 수는 있겠지만, 최선은 아닐 것이라는 데 의견을 달리할 사람은 많지 않을 것이다. 젊은 층은 젊은 층에게, 시니어 층은 시니어 층에게 잘 어울리는 스타일이

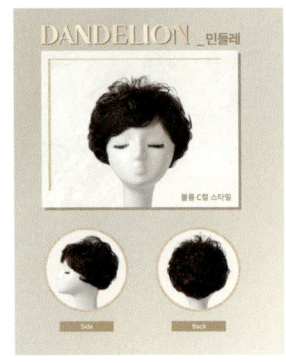  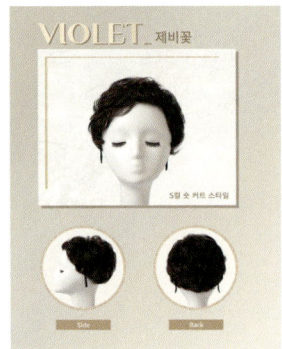 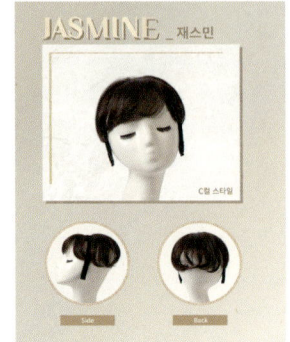

에띠모 패션가발

따로 있다.

1994년부터 7년간 세계적인 인기 잡지 '보그'의 편집장을 지낸 조앤 줄리엣 벅(69)은 시니어들에게 아름답고 품격 있는 스타일링을 위해서 '변화'가 필요하다고 강조한다. 자신에게 잘 어울렸던 '예전' 것을 고집하는 것이 아니라, 바로 지금 자신의 모습을 있는 그대로 받아들이고 그에 맞는 스타일을 만들어가는 것이 중요하다는 것이다.

그녀는 말한다. "여성들은 자신의 인생에 있어서 가장 패셔너블하다고 믿었던 스타일을 나이가 들어서도 고수하려는 경향이 있어요. 하지만 프랑스 여성들은 50세가 넘으면 몸매부터 얼굴형까지 싹 다 변한다는 걸 인정하고, 젊어 보이려 안간힘을 쓰기보다는 자신의 장점은 부각시키고 단점은 적절히 감추는 자신만의 스타일링 법을 개발하려고 노력하죠."

패션과 스타일링에 있어서 둘째가라면 서러운 프랑스 여성들, 그중에서도 중년에 접어든 여성들이 가장 먼저 하는 일은 옷은 물론 메이크업에서부터 착용하는 액세서리까지 다양한 패션 아이템들을 줄여 나가는 것이라고 한다. 나이가 들수록 화려한 귀걸이나 팔찌 또는 프린트가 있는 스카프 등은 오히려 주름진 얼굴을 부각시키고 중년의 여성만이 드러낼 수 있는 중후함과 우아함을 깎아내리기 때문이다. 또한 나이가 들면서 머리카락의 숱이 줄어들고 모발이 가늘어지는 것은 전 세계 여성들의 공통 사항이지만, 프랑스 시니어 여성들이 유독 시크하고 스타일리시해 보이는 이유는 굳이 긴 머리를 고수하지 않고 머리를 짧게 자르면서도 자신의 얼굴형과 체형에 최적화된 쇼트 헤어스타일을 발굴했기 때문이라고 말한다. 여성으로서, 자신의 연령대에서만 드러낼 수 있는 고유한 아름다움을 찾고, 그것을 가장 극대화시켜 보여줄 수 있는 스타일링을 하는 것. 그 방법을 가발에서 찾아보면 어떨까?

그것이 콧대 높은 프랑스 중년 여성들에게서 우리가 배워야 할 자세가 아닐까?

'패완얼' 패션의 완성은 얼굴?!

필자는 이제 '패완가', 패션의 완성은 **'가발'**이라고 감히 말한다.

아울러 머리에서 발끝까지의 몸 경영 역시 자신감 넘치는 헤어스타일링에서 완성되는 게 아닐까?

Q&A 대놓고 물어보기 민망했던 궁금증? 무엇이든 물어보세요

Q1. 브래지어 어깨끈이 자꾸 흘러내려요. 제 어깨가 유난히 처진 편도 아닌데, 왜 그러는 걸까요?

A. 어깨끈이 흘러내리는 이유는 크게 두 가지입니다. 일단 브래지어 끈 길이를 제대로 맞추지 못했거나, 가슴의 볼륨과 어깨끈이 조화를 이루지 못하고 있기 때문이죠. 브래지어를 입었을 때 어깨끈이 양어깨에 살포시 얹혀 있는 듯한 느낌이 들고, 전체적으로 균형을 잡아 주어 적당한 압박감을 느낄 수 있어야 합니다. 또 위에서 바라보았을 때 안정적으로 컵의 수평을 잡아 줄 수 있어야 자신에게 맞는 브래지어라고 할 수 있겠죠. 그러니까 어깨끈이 자꾸 흘러내린다는 건 비단 어깨의 모양이나, 어깨끈 그 자체의 문제라기보다는 자신의 가슴 모양이나 가슴 사이즈에 맞지 않는 브래지어를 착용하고 있다는 '가슴의 SOS'라고도 볼 수 있겠네요.

Q2. 가슴이 작아서 고민이에요. 그래서 뽕이 없는 브래지어는 입어본 적이 없습니다. 그런데 점점 가슴 모양이 더 망가지는 것 같은 느낌이 들어요. 그렇다고 볼륨을 포기할 순 없고… 어떻게 하면 좋을까요?

A. 우리나라 여성 중에는 가슴이 작아 고민하는 사람들이 굉장히 많은 편이에요. 그리고 그들 중 대부분은 질문자님처럼 두꺼운 패드가 들어간 브래지어를 사용하죠. 하지만 애석하게도 패드가 두껍게 들어간 제품을 오래 착용하면 가슴은 더욱 납작하게 변형되기가 쉽답니다. 가슴으로 모여야 할 살들이 등 쪽으로 흩어지거나 겨드랑이 쪽으로 몰려서 정작 가슴 볼륨은 더 죽고 군살이 붙게 되는 거죠. 그래서 봉긋해야 할 가슴 부분은 평평해지고 밑가슴은 넓어지는 안타까운 결과가 나타납니다. 작고 평평한 가슴이라도 가슴 볼륨을 부드럽게 감쌀 수 있는 스타일의 브래지어를 착용한다면 본인 체형에서 가장 자연스럽고 예쁜 가슴 모양을 가질 수 있을 거예요.

Q3. 저는 가슴이 크고 일명 새끼 가슴이라고 말하는 부유방까지 있어서 고민인 주부입니다. 바디슈트를 입으면 가슴 정리와 복부까지 한꺼번에 정리가 될까요?

A. 바디슈트는 여성들의 선호도가 높은 파운데이션인데요. 브래지어와 거들을 입는 효과를 동시에 볼 수 있죠. 특히 부유방으로 고민이시라면 정확한 사이즈를 측정할 수 있는 전문 체형관리사의 상담을 받으시고 입으시면 가슴선도 정리되고 부유방의 고민도 도움받으실 수 있어요. 아울러 체형과 피부 타입에 맞는 바디슈트를 착용하면 입는 즉시 만족감도 느끼실 거예요. 또한 꾸준하게 착

용하면 복부를 따뜻하게 해주는 효과로 건강과 바른 자세까지 큰 도움이 되실 겁니다.

Q4. **유독 가슴에 볼륨이 없어서 '절벽 가슴'이라고 놀림을 많이 받았습니다.** 그래서 어릴 때부터 가장 작은 사이즈의 브래지어만 착용해 왔는데.… 성인이 된 지금은 가슴 확대 수술을 해야 하나 고민을 할 정도입니다. 그런데 겁도 나고… 쉽게 결정하기가 힘드네요.

A. 사람마다 이목구비가 다르듯 가슴 크기도, 모양도 다 제각각입니다. 마른 사람일지라도 가슴이 큰 사람이 있고, 유독 가슴이 작거나 처진 사람도 있죠. 하지만 자신의 치수를 제대로 알지 못한 채 무조건 '제일 작은 사이즈 주세요' 혹은 '75나 80 중 적당한 걸로 주세요'라며 잘못된 선택을 하는 경우가 많아요. 가슴은 어떤 브래지어를 착용하느냐에 따라 크기도 달라지고 형태도 변한답니다. 제자리에 있어야 할 볼륨을 한곳에 모여 있도록 보정해 준다면, 질문자님이 말하셨던 것처럼 '절벽 가슴'이나 '납작 가슴'은 존재하지 않게 되죠. 잘못된 사이즈에 자신의 가슴을 맞추다 보니 너무 처지거나 너무 납작해지는 결과가 초래되는데, 이런 가슴 변형을 막기 위해서는 사실 사춘기 시절, 즉 가슴이 생기기 시작할 무렵부터 자신에게 맞는 브래지어 사이즈를 선택하는 게 가장 좋은 방법이에요. 하지만 이미 변형된 가슴이라도 충분히 변화의 가능성이 있으니, 지금이라도 자신의 가슴 모양과 사이즈를 제대로 파악한 후, 알맞은 속옷을 착용해보세요.

Q5. **팬티를 입으면 항상 엉덩이 계곡 부분이 끼어요.** 아무리 비싼 바지를 입어도 똑같고, 걸을 때마다 너무 불편합니다. 도대체 왜 이러는 걸까요?

A. 먼저 팬티 사이즈를 체크해 보세요. 팬티가 엉덩이에 끼는 건 사실 작고 꽉 끼는 사이즈의 팬티를 입었기 때문에 나타나는 현상이죠. 자신의 사이즈에 맞지 않는 팬티를 입으면 끼임 현상뿐만 아니라 자궁에 불필요한 자극을 줌으로써 냉증을 유발할 가능성도 커져요. 또 유난히 타이트한 팬티를 입을 경우 허벅지 군살의 원인이 되기도 한답니다. 작고 예쁘기만 한 팬티는 힙라인을 망가뜨릴 뿐만 아니라 여성으로서 꼭 지켜줘야 할 소중한 부위의 건강까지 해칠 수 있다는 걸 기억하세요.

Part 4
내 몸의 자존감, 마음 경영

패션의 완성은 속옷

수 세기 동안 패션은 인류의 몸에 끊임없이 변화를 주어 왔다. 날씬한 몸과 관능적인 몸, 평평한 가슴과 풍만한 가슴, 남녀 구별이 없는 스타일과 여성스러운 스타일이 다양하게 유행했으며, 심지어 왜곡된 몸매 또는 잘록한 허리와 과장된 엉덩이도 유행했다. 실루엣의 극적인 변화가 아주 빠르게 나타나기도 했으며 단지 속옷만으로 패션을 표현하기도 했다. 따라서 속옷을 이해하는 것은 패션의 역사를 이해하는 기초이자, 문화와 사회의 흐름을 연구하는 데도 중요한 요소가 된다. 또한 몸매를 정리해 주며 옷매무새를 살리는 기초가 된다. 자연스러운 모습을 찬양하던 시대에도 이상적인 패션을 위해 기초 의상에 의존했다. 그래서 오랜 세월 인간은 속옷을 이용해 몸을 축소하고, 밀어 올리고, 부풀리고, 꾸미고, 드러내고, 감추어왔다.

속옷은 피부를 보호하고 몸을 감추는 목적도 수행하였으며, 몸을 감추는 것은 예절과 품위의 문제였다.

어느 칼럼니스트가 한 말이 늘 머릿속에 맴돈다.

'패션의 완성은 속옷' 필자에게는 숙명과 같이 다가오는 말이다.

속옷은 그 여성의 정신이고 스타일이다. 속옷의 중요성을 전혀 몰라서 신경을 쓰지 않는 이들도 있겠지만 기왕이면 속옷이 몸과 마음의 표현물임을 알아주었으면 한다. 몸을 보호하고 몸매를 교정한다는 몸의 표현과 자신을 여성답고 아름답게 보이려는 마음의 표현인 것이다.

필자는 단정하고 맵시 있는 몸매를 만드는 것은 여성으로서 자신의 몸에 대한 예의라고 생각한다. 보정속옷은 보조 역할을 할 뿐이지만, 살이 찌거나 혹은 나이가 들어서 망가진 몸매를 교정하고 자세까지 바르게 잡아줘 행동부터 걸음걸이까지 달라지게 만든다.

이렇게 보정속옷의 기능을 확대해 살펴보면, 기능에서 끝나는 것이 아니라 삶을, 인생을 바꿔주는 것임을 어렵지 않게 알 수 있다.

진정한 우아함은, 보이지 않는 곳에

역사를 잊은 민족에게 미래는 없다.'는 말이 있다. 과거의 역사를 더듬어 새롭게 나아갈 미래를 그리는 것은 비단 민족의 역사에만 해당되는 일은 아닐 것이다. 그런 의미에서 인류의 의복 역사 중에서도 구체적으로는 속옷의 역사에 대해 알아보는 것은 상당히 의미 있는 일이다.

기원전 1,100년 전부터 형성되기 시작한 그리스 문화는 기독교와 함께 서양 문명의 정신적 지주로 꽃 핀다. 그중에서도 고대 그리스의 복식은 나중에 로마 시대로 이어지면서 서양 의복 역사의 기본이 되었다. 이는 그리스인들이 가진 창조적인 예술성과 자유로운 정신이 '섬유'라는 재료 속에 고스란히 반영되었기 때문인데 특히 신체의 아름다운 곡선을 감추거나 왜곡시키지 않고 있는 그대로 드러낸 점이 주목할 만하다.

따라서 그리스 시대의 의복은 따로 재단을 하거나 바느질하지 않고 천을 원형 그대로 몸에 걸치는 형식을 취했고, 허리끈조차도 최대한 가늘고 단순하게 만들었다. 또한 옷의 한 부분을 강조하는 장식보다는 전체적으로 인체의 균형미를 강조했다.

이러한 그리스식 의복 스타일은 인간의 나체야말로 아름다움의 근원으로 여긴 고대 그리스 사상과 맞닿아 있다. 당시 만들어진 조각상을 살펴보면 겉옷 속에 다른 속옷을 입지 않아 인체의 선이 그대로 드러나는 것을 어렵잖게 발견할 수 있다. 동시에 황금비율에 따른 인체의 엄격한 비례와 균형 그리고 안정감을 추구해 전체적으로 인체의 아름다움을 극대화한 것을 알 수 있다.

그렇다면 인류는 언제부터 속옷과 겉옷을 구분하기 시작한 걸까?

정답은 로마 시대부터다. 이때부터 인류는 겉옷과 속옷을 따로 갖춰 입기 시작했다. 당시 로마는 그리스의 문화를 반영함과 동시에 실용성을 더해 독자적인 로마문화를 구축해갔다. 이러한 경향은 복식에서도 그대로 반영되었는데, 예컨대 그리스 시대의 대표적인 의상인 '히마티온'(소매 없이 두르는 망토 형태의 옷)이 로마로 건너오면서 로마의 대표 의상인 '토가'(반달 모양으로 재단한 천을 몸에 둘러 입는 옷)로 발전되었다.

그리스 시대와 로마 시대를 거쳐 서서히 발전해온 인류의 의복 역사는 A.D 395년경 로마제국이 동서로 분리된 후 15세기 중엽까지 이어진 중세 시대로 접어들면서 비로소 여성의 몸이 가진 아름다움에 눈을 뜨기 시작한다.

중세 시대 복식의 가장 큰 특징으로는 여성의 가는 허리를 강조함과 동시에 엉덩이의 아름다운 곡선미를 최대한으로 끌어올리는 스타일을 추구한 것이다. 이를 위해 입체적인 재단으로 몸에 꼭 맞는 옷을 만들어 입었는가 하면, 직조법의 비약적인 발전을 통해 부드러운 천이나 비단을 활용한 옷을 지어 입기 시작했다.

또 한 가지 중세 복식의 중요한 특징은 코르셋의 등장이다. 당시 코르셋의 초기 형태인 '스테이'가 생겨나는데, 남녀 모두 허리를 가늘고 좁게 보이기 위해 사용했다는 점이 흥미롭다. 당시의 코르셋은 앞쪽에서 끈을 매는 것으로 하류층 여성은 슈미즈 위에 코르셋을 착용하기도 했다. 슈미즈는 긴 소매와 헐렁한 스커트가 특징인 여성용 내의를 말한다.

르네상스 시대에 접어들면서 여성의 옷은 더욱 우아하게 표현되었으며 인체의 아름다움에 대한 관심도 한층 높아졌다. 본디 단순한 형태의 흰색 리넨이던 슈미즈는 점차 사치스럽게 변해서 온통 자수를 놓은 슈미즈를 입는 귀부인도 늘어났다. 과장된 실루엣이 돋보이는 속치마가 등장한 시기도 이 무렵이다.

르네상스 시대의 의복은 점점 더 여성의 몸에 주목하기 시작한다. 한층 풍성하고 과장된 실루엣을 만들어내는 속치마가 등장한 것도 이 무렵이다. 당시 사람들은 여성의 풍성한 실루엣을 만들어내기 위해 허리에서 수평으로 최소 20cm부터 최대 120cm까지 퍼지는 속치마를 만들어냈고, 속치마에도 겉치마처럼 자수를 놓는 일이 흔해졌는가 하면 심지어 보석으로 장식하는 호사가들도 있었.

여성의 실루엣을 향한 르네상스 시대의 열정이 어느 정도였는지 짐작할 만하다. 이때부터 사람들은 이미 '진정한 우아함은 보이지 않는 곳에서부터 시작된다.'는 진리를 깨달은 것이 아닐까.

근세에는 속옷이 겉옷의 단순한 부속품이 아니라 속옷으로서의 독자성을 갖게 되어 속옷 역사의 비약적인 진보를 맞게 된다. 이 당시 유행했던 속옷으로는 페티코트와 그 속에 입는 슈미즈, 몸매를 정리하기 위한 꼬르비케, 그리고 상류층에서 슈미즈 속에 입던 바지인 드로어즈 등이 있다.

여러 세기를 통해 여성의 허리가 가늘어지는 형태를 갖게 된 것처럼, 인체의 다른 부분도 인위적으로 패드를 넣고 양식에 따른 각도와 곡선으로 강조되었다. 의상에서 볼륨은 지위를 나타내는 것으로 출발했다. 값비싼 소재와 눈에 잘 띄는 마감은 입은 사람이 여유롭고 멋진 삶을 누리고 있음을 보여 주었다.

19세기로 접어들면서 복식은 혁명적인 발전을 맞는다. 재봉틀의 발명과 합성염료의 대량생산 개시, 자카드 직조기의 고안, 드라이클리닝 공장 등장에 힘입어서이다.

근대 초기만 해도 근세의 영향으로 엉덩이가 강조된 페티코트가 유행이었으나, 나폴레옹이 황제로 즉위하여 프랑스를 다스렸던 10년간을 지칭하는 엠파이어 스타일 시대를 맞이하면서 자연스러운 인체의 선을 살린 실루엣이 인기를 끌기 시작했다. 이 영향으로 영화에도 자주 등장하는, 허리선이 가슴 밑으로 올라간 하이 웨이스트 라인이 유행하기 시작했다. 이와 함께 얇고 비치는 감의 흰색 슈미즈 드레스가 보편화됐는데 이는 무척이나 선정적인 의상으로서 복식사에서 비중 있게 다루고 있다. 일부 여성들은 흰색 슈미즈 드레스가 몸에 바짝 달라붙도록 피부에 기름을 발라 신체 곡선을 노출시키기도 했다.

르네상스 시대부터 프랑스 대혁명까지 여성들 사이에 애용되었던 코르셋은 귀족풍의 옷이 사라지면서 점차 모습을 감췄다. 의복 스타일의 변화에 따라, 몸을 압박하던 기존의 코르셋은 점차 여성들에게 외면받기 시작했고, 스커트가 풍성하게 퍼지게 하기 위해 입었던 여러 겹의 속치마도 한층 간소화되었다. 그러나 19세기 중엽에는 스커트를 부풀리기 위한 극단적인 속옷, 크리놀린이 등장했다.

초기의 크리놀린은 그 혼방직의 천이나, 그것으로 만든 페티코트를 일컬었다. 후에 개량형이 나타났는데, 이것은 고래 뼈나 철사를 사용한 광주리 모양을 띠었다. 그 시대에는 허리를 잘록하게 만들고 하반신을 극단적으로 크고 둥글게 부풀린 스타일을 '크리놀린 실루엣'이란 이름으로 부를 정도로 크리놀린은 중요한 속옷으로 각광받았다.

1930년대 말에 파리의 여성복 디자이너들이 잠시 크리놀린과 버슬 모양의 패드를 넣은 엉덩이, 풍만한 스커트, 그리고 과장된 여성의 곡선을 재현하면서, 크리스챤 디올의 전후 '뉴룩'을 암시하기도 했다.[13]

수 세기 동안 단정한 몸가짐과 표현의 규칙은 미묘하고 조심스럽게 속옷의 주

크리놀린

제를 둘러싸고 변천해 왔다. 오늘날 흔적으로 남아 있는 속옷의 중심 테마나 겉옷으로 입는 속옷은 흔히 볼 수 있는 광경이며, 그 시각 언어는 패션 사전에 확실한 자리매김을 했다.

"란제리는 아주 세련되어야 한다. 우리의 어머니들은 란제리에 많은 시간과 돈을 들이곤 했다. 나는 그것이 옳다고 생각한다. 진정한 우아함은 모든 곳에 있다. 특히 보이지 않는 곳에. 사랑스러운 란제리는 훌륭한 의상의 기초다."
- 크리스챤 디올, 1954 -

브래지어의 탄생

"그녀가 뛰어난 패션 감각과 최고의 패셔니스트를 위한 경제력이 있다 하더라도 가슴이 풍만하지 않다면 결코 이룰 수 없을 것이다."

―미국 시사잡지 〈타임〉

1807년경 영국에서 새로운 코르셋이 만들어졌는데 이는 신축성이 많은 견직으로 이전의 강한 압박을 없애고 대신 체형을 정돈하는 정도로만 디자인됐으며 어깨선을 아름답게, 또 야윈 체격을 풍만하게 보이는 데 도움이 됐다.

19세기 중반에 접어들면서 더욱 가슴을 강조하는 스타일로 변모하게 되는데, 이때 발달한 속옷이 바로 상반신용 코르셋이다.

상반신용 코르셋의 발달로 가슴을 강조하고 엉덩이는 볼록하게 만들어 오늘날에도 여성들의 워너비 몸매의 상징인 'S라인'이 등장한 것이다. 상반신용 코르셋의 발전에 힘입어 결국 1880년 무렵에 철사로 유방의 모양을 본떠 캡 형태로 만든 초기 단계의 브래지어가 등장하기에 이른다.

1916년 무렵 어깨끈이 있는 브래지어가 등장하면서, 브래지어는 코르셋의 변형품이 아닌, 독립적인 하나의 속옷이 되었다. 그 후부터 브래지어는 다양한 형태로 변형하고 발전을 거듭했는데 마치 브래지어를 착용하지 않은 듯한 느낌을 주는 노브라 타입이나 어깨끈이 없는 브래지어, 와이어 브래지어, 원더브라 등이 그것이다.

1920년대는 가슴을 의도적으로 평평하게 압박한 유일한 시기였다. 또한 여성들이 브래지어 아래에 슬립이나 페티코트를 입는 것을 중단하고 피부에 닿게 입기 시작했다.

부분적으로는 여권운동이 브라를 정치화하여 맹목적 애국주의나 탄압의 상징으로 제시했기 때문이다. 그러나 노브라였던 대부분의 여성이 아이러니하게도 브라의 도움으로 성공했으며, 브라는 여성의 옷장에서 중요한 부분을 차지했다.

1930년대에는 컵의 크기를 포괄적으로 도입하고, 신축성이 좋아졌으며, '브라(bra)'라는 약어를 채택했다. 1950년대에는 와이어로 둘러싸고, 패딩을 넣고, 추상적인 원뿔 모양을 만드는 바느질 기법이 소개되었다.

우리에게 익숙한 아래쪽에 와이어를 넣은 컵은 1930년대 말에 등장했다. 아래쪽에 와이어를 넣은 브래지어는 그 10여 년 간 시장을 휩쓸었다. 하지만 제2차 세계대전은 1940년대 내내 이러한 발전을 가로막았다. 철은 전쟁을 위해 강제 징발했고, 그 공급을 엄격하게 통제했기 때문이다. 하지만 1950년대 들어 아래쪽에 와이어를 넣은 브래지어는 다시 시장에 나타났고 인기도 늘어갔다. 와이어는 높고 당돌한 가슴을 만들기 위한 장치로서, 가슴을 위로 밀어올리고 선명하게 드러내는 데 도움을 주었다. 그리고 1960년대와 1970년대에는 좀 더 자연스러운 모습을 중시했다.

특히 1970년대 초반에는 와이어가 들어 있지 않아 가슴의 형태를 그대로 살려주는 몰드 브라가 등장해 오늘날까지 많은 여성들에게 사랑을 받고 있다.

1994년에 이르러 고사드는 '울트라브라, 결정적인 가슴골을 창조함'이라는 광고 슬로건과 함께 깊게 파인 브래지어를 출시했다. 그 후에도 같은 신제품이 뒤

따랐는데, 1999년 '울트라브라의 완성' '울트라브라 라이트(Ultrabra Light)' '울트라브라 슈퍼 부스터(Ultracra Super Booster)' 등을 "가장 가슴 깊은 골! 아니면 당신의 돈을 돌려 드립니다."라는 슬로건과 함께 출시했다.

울트라브라는 깊게 파진 브래지어이며, 컵은 앞쪽 가운데에서 가는 연결 탭으로 이어졌다. 이 브라는 대각선의 솔기와 패드를 넣은 컵의 조화를 통해 가슴골을 만든다. 솔기는 높은 대각선으로 비스듬히 재단했고, 여유 있게 재단한 아랫부분이 양쪽에서 가슴을 함께 밀어준다.

브래지어의 역사는 채 100년이 되지 않는다. 역사적으로 가슴은 스테이와 코르셋으로 감싸왔다. 마델라이네 비오넷, 루실, 폴 푸아레를 포함한 20세기 초의 디자이너들은 브래지어의 대중화를 주장하며 다음과 같이 말했다. "코르셋의 추락과 브래지어의 채택은 자유라는 이름으로 선언한 것이다. 확실히 첫 10년이 끝날 때까지 브래지어는 가장 기본적이지만 없어서는 안 될 몸의 굴곡을 표현하는 중요한 소품이 되었다." 14)

오늘날 브래지어는 속옷 산업에서 가장 큰 영역으로 제품개발과 판매, 광고의 주류를 차지한다. 인체 공학 원리에 따라 수십 개의 조각으로 만들어지고 컴퓨터가 정리한 스트레스 자료를 토대로 완벽한 지지와 편안함을 추구하고 있다.

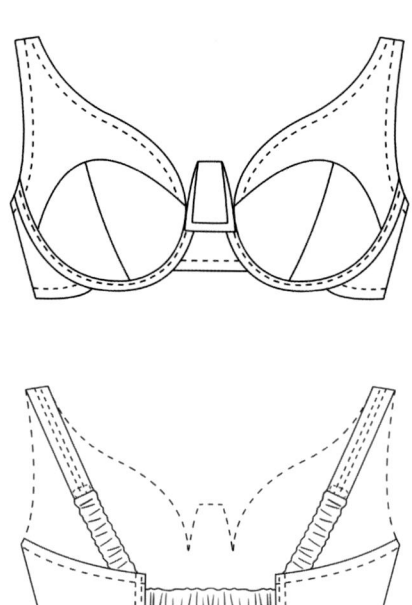

1950년대 말 염색기술의 발전은 안정된 밝은 색상을 적은 비용으로 상업 생산에 사용할 수 있게 했다. 1960년대 초 10대들의 반란과 때를 같이해서 이러한 색상들은 모든 종류의 속옷에서 쾌활하고 대담하며 젊은이다운 무늬에 적용되었다. 이 브래지어는 1950년대의 원뿔형으로부터 좀 더 부드럽고 둥그런 형태와 1960년대에 표준이 되어 현재까지도 사용되는 건축양식으로의 발전을 보여 준다. 컵은 넉넉함과 매끄러움을 주기 위해 보충제를 덧댔다. 가슴의 중앙을 지나가는 수평으로 이은 솔기로 분리되고, 아래쪽에는 수직으로 이은 솔기가 있어서 가슴을 둥근 형태로 밀어 올린다. 방향성 있게 솔기를 밀어주는 한편, 솔기들은 섬유를 강화하고 늘어나는 것을 막아준다. 이러한 기술은 '컷 앤드 소우(cut and sew)'로 부른다. 1950년대의 브래지어는 수평으로 이은 솔기만으로 만들거나 원형으로 바느질하여 만들어서 과장된 '총알(bullet)' 형태였다. 이 브래지어는 섬유가 전혀 늘어나지 않으며, 컵은 어깨끈까지 이어져 있다. 뒤쪽에 주름 잡힌 직물로 감싼 고무밴드가 있어 이것이 늘어나면서 갈빗대 주위에서 꼭 맞도록 조정한다. 이 브래지어의 관능적이고 밀어 올리는 효과는 그 시대 남녀 공용의 의상 스타일과 대조된다. 여성들은 1950년대 변화 속에서 아주 당연하게 거들이나 코르셋의 도움 없이 관능적인 모습과 야윈 모습 모두를 기대하게 되었다. 젊고 튼튼해야 멋진 몸이며, 기초의상에 의존하는 것은 점점 늙은 세대거나 나약한 몸으로 보였다.[14]

옛날 우리나라 속옷들

우리나라의 속옷은 시대를 거슬러 올라가 삼국시대의 벽화를 통해 그 자취를 알아볼 수 있다. 삼국시대의 벽화를 보면 엉덩이 길이의 웃옷과 바지 스타일의 경우 웃옷 속에는 속저고리를 입고 있으며 약간 들어 올려진 바지 밑으로는 속바지가 보인다. 삼국시대의 또 다른 기본 복장인 저고리와 주름치마의 경우, 주름치마 밑에 신분에 따라 각기 다른 속치마를 입었다. 당시 문헌을 살펴보면 속저고리라 불리는 한삼의 소매와 몸통 길이 등이 명시돼 있어 우리 조상들의 속옷에 대한 관심이 남달랐음을 알게 한다.

'무지기'는 상류계급에서 정장을 할 때 입었던 속치마의 일종이다. 12폭의 모시를 이용해 3층에서 7층 정도 길이가 다른 천을 허리에 단 것으로 젊은 사람은 다양한 색으로, 나이 든 사람은 단색으로 입었다.

겉치마를 풍성하게 보이도록 하기 위한 것으로 서양의 페티코트와 같은 역할을 했다. 양반계급의 여성들이 '무지기'를 입은 것에 비해 왕족들의 속옷에는 '대슘치마'라고 하는 속치마의 일종이 더 추가된다. 정장을 차려입을 때 허리는 무지기로 버티고 그 아래에 대슘치마를 받쳐 입었다. 대슘치마의 밑단에는 4cm 정도의 모시를 붙였는데, 옛 문헌의 표현에 따르면 '서도 앉은 것 같고 앉아도 선 것 같은' 자세가 나오도록 했다.

한편 바지 밑에 입는 속바지는 속속곳이라 불렸다. 단속곳과 형태는 같으나 치수가 작았다. 단속곳과는 달리 피부에 직접 닿는 속옷이므로 소재로 옥양목, 무명, 광목 등을 사용했고 상류층에서는 명주 등의 부드러운 옷감을 사용했다.

'다리속곳'은 가장 밑에 입는 속옷으로 홑겹의 긴 감을 허리띠에 차게 되어 있는 형태였다. 다리속곳의 용도는 속속곳이 커서 자주 빨 수 없기 때문에 조그만 속옷을 만들어 자주 빨아 입기 위한 것으로 보인다.

'너른바지'는 상류계급이 정장을 할 때 단속곳 위에 입어 하체를 풍성하게 보이게 한 속옷이었다. 앞은 막히고 뒤는 터져 있는 형태다. 특히 너른바지는 특수층에서만 입던 것인데 너른바지가 없어진 요즘에도 옛 풍습을 지키는 가정에서는 이를 혼수품에 넣기도 한다.

우리가 서양의 속옷을 접하게 된 것은 개화기에 접어들면서부터이다. 여성의 속옷이 팬티와 브래지어로 대변된 것도 실은 얼마 되지 않은 이야기이고 브래지어가 속옷의 한가지로 여성들의 복식 생활에 정착된 것은 30여 년 정도밖에 되지 않았다.

행운을 부르는 속옷

톨스토이의 민화 중에 이런 이야기가 있다. 세상 무엇이든 맘대로 할 수 있던 왕이 병에 걸려 사경을 헤매게 되었는데 용한 도사가 처방으로 내놓은 것이 바로 '행복한 사람의 속옷'을 가져다 입으라는 것이었다. 왕자의 신하들이 그 신비의 속옷을 찾으러 온 나라 방방곡곡을 헤매었지만 불만 하나 없는 사람은 좀처럼 찾을 수가 없었고, 결국 외딴 두메산골의 오두막에서 만나게 된 행복한 농부는 속옷을 입지 않았더라는 이야기다.

병을 고쳐 줄 행운의 속옷이라니, 결국 그런 것은 존재하지 않았다는 결론으로 이야기는 끝나지만, 민화를 읽는 동안 마음은 두근두근했다. 예나 지금이나 행운이 필요하지 않은 사람은 아무도 없을 것이다. 죽을 병도 낫게 하는 행운의 속옷이 있다면, 외딴 두메산골에도 삶의 만족을 가져다주는 행복의 속옷이 있다면 얼마나 좋을까. 왕의 병을 낫게 할 절절한 심정의 왕자와 신하는 아닐지라도 우리 주위에 행운의 물건을 찾는 사람들은 쉽게 만날 수 있다. 무언가에 기대에 행운을 빌어보는 마음이란 누구나 한 번쯤은 가져봤을 평범한 생각일 테니까 말이다.

속옷이 종종 행운의 상징으로 여겨진다는 것은 많이 알려진 사실이다. 특히 일본 야구에선 감독들의 속옷 색깔이 공공연히 회자될 정도인데 신인 선수를 드래프트할 때나 큰 대회에 나갈 때 속옷에 자신의 운을 걸어 성공을 기원한다는 것

외에도 구단에서 특별한 색상의 속옷을 공식 판매했다는 것이 재미있다. 팝스타 케이티 페리는 버락 오바마 미국 전 대통령을 위해 '행운의 속옷'을 선물했고, 이것이 오바마 대통령의 재선에 큰 힘이 되었다고 생각한다는 케이티의 말이 신문에 실리기도 했다. 지구 반대편 브라질에서는 새해 전날 밤에 입는 속옷의 색이 새해의 운을 결정한다는 속설이 있는데 빨간색은 정열, 하얀색은 평화, 초록색은 행운, 그리고 노란색은 금전을 상징한다는 식이다. 이 정도만 봐도 '행운을 가져다주는 속옷'이라는 기대는 전세계가 공감한다고 봐야 할 것 같다.

우리나라 풍습에도 특별한 속옷은 행운을 가져다주는 물건으로 여겨져 왔다. 아들을 낳은 여자의 속옷을 입으면 아들을 낳을 수 있다고 믿어져 왔으며 과거 효도선물 1위로 첫 월급을 타면 꼭 사야 할 선물은 빨간 내복이었다. 일본에선 노인이 붉은 속옷을 입으면 회춘하고 행운이 찾아온다고 하며 중국에서도 붉은 색엔 행복과 재복이 있어 신랑 신부는 모두 붉은 속옷을 입는 관습이 있다고 한다. 우리네 부모님들께 건강과 복을 빌며 선물하던 빨간 내복, 우리나라 60년대의 염색기술이 미숙하여 염색이 쉬운 빨간색의 내복이 주류가 되었다는 사실은 단지 우연만은 아니었을 것 같다.

이렇게 속옷에 행운을 비는 마음을 담는 것은 몸에 가장 먼저. 가장 가깝게 밀착되는 속옷을 중요하게 생각하고, 또 자신이 입을 경우에는 속옷을 자신과 동일시하기 때문인 것 같다. 아름답게 잘 갖추어 입은 속옷이 여성에게 자신감을 주는 것과 같은 이치로 말이다.

속옷은 여자의 자존심

"속옷은 여자의 **자존심**이야!"

영화 〈쇼퍼홀릭〉의 주인공 레베카 블룸우드 양은 이렇게 소리를 쳤다. 이 말에 동감하시는지?

겉옷에 비해 크기로 보나 노출로 보나 존재감이 거의 없는 속옷에 얼마나 중요성을 부여하느냐는 여성들마다 다를 것이다. 하지만 속옷 디자이너로서의 경험에 의하면, 속옷의 가격만큼이나 속옷에 대한 인식은 극과 극인 경우가 많다.

예를 들면 나이 들다 보니 돈을 아끼기 위해 옷이나 구두 같은 건 만 원짜리처럼 저렴한 것을 사게 되지만, 속옷만큼은 최고급은 아니더라도 마트 표 할인 세트나 시장표 떨이는 절대 입지 않는다는 사람이 있는가 하면, 옷이나 구두, 가방에 큰 돈을 할애하지만 보이지 않는 속옷 같은 건 실용적이고 편하면 된다는 사람들도 적지 않다. 물론 이 둘에 해당하지는 않더라도 본래의 속옷 기능에만 충실하면 된다는 사람도 있다.

하지만 나는 적어도 여자의 속옷만큼은 좋은 것을 입어야 한다고 생각한다. 민감한 부위에 입는 의류인 만큼 편한 소재여야 하고, 또 이왕에 입는 속옷이라면 여성의 몸의 특성을 배려한 인체 공학적 디자인의 속옷을 선택하는 것이 좋을 것이다.

그렇다면 실제 여성들은 어떤 속옷을 선택할까? 여성들의 속옷 선호도에 대한 재미있는 속설이 있다. '불황에는 디자인보다 기능성 속옷이 인기를 얻는다.'는 것이다. 그 이유는 건강에 좋은 속옷을 입으면 남들에게 보이진 않아도 몸매에 자신감이 생기고 기분이 좋아지기 때문이라고 한다.

그래서 필자 또한 기능성을 강조함과 동시에 소비자의 감성을 자극하는 디자인 측면을 고려한다.

박명복 디자이너가 만든 국내 유일의 속옷 박물관 'SOEL MUSEUM'

당신의 속옷 가치는 얼마입니까?

그렇다면 자신이 입고 있는 속옷의 가치는 얼마나 될까? 속옷을 사봐서 알겠지만 속옷의 가격 차이는 천차만별이다. 소재가 특별하거나 유명 디자이너가 디자인을 하게 되면 가격은 점점 올라간다. 때로는 내가 사 입은 속옷과 똑같은 것인데도 누가 입었던 속옷이냐에 따라 그 가치가 달라지기도 한다. 실제로 자선 모임이나 유명한 경매 시장에 유명인의 속옷이 등장하기도 하는데, 최근 우리나라에서도 한 국가대표 축구 선수가 자신이 승리한 경기에 입었던 속옷을 경매에 내놓고, 그 판매 수익으로 재단을 설립하기도 했다.

그뿐만이 아니다. 때로는 속옷이 유명인의 집만큼이나 비싼 경우도 있다. 이들 속옷은 숱한 화제를 몰고 오는 란제리 패션쇼에 등장하는데 그중에서 단연 화제가 되는 것은 속옷의 가격이다. 몇 년 전 한 패션쇼에서 세계적인 슈퍼모델 지젤 번천이 입었던 속옷의 가격은 무려 1천 5백만 달러. 우리 돈으로 환산하면 당시 약 150억 원에 이르렀다. 여성용 브라와 팬티 한 세트로 이루어진 이 속옷의 이름은 '레드 핫 판타지'. '고작해야 손바닥만 한 천 쪼가리의 가격이 왜 그렇게 비쌀까?'라는 의문을 가지는 사람들도 있을 텐데, '레드 핫 판타지'는 무려 1,300여 개의 루비와 사파이어, 그리고 70캐럿 다이아몬드 보석이 박혀 있다고 한다. 이후 슈퍼모델 하이디 클럼이 입고 나왔던 속옷의 가격도 화제가 되었는데, 1천 2백 5십만 달러였다. '블루 버스트'라는 이름을 가진 브래지어는 사파이어와 다이아몬드로 치장한 것으로 팬티를 제외한 브래지어 가격만 1천 1백만 달러라고 한다. 평소엔 겉옷에 가려 보이지도 않는 비싼 속옷을 왜 만들고, 그 속옷을 누가 입는 것일까?

앞서 나열한 속옷만큼이나 비싼 '할리퀸 판타지 브라(Harlequin Fantasy Bra)'라 불리는 속옷이 있다. 가격이 자그마치 35억 원인데, 세계적인 보석 디자이너 다미아니가 디자인한 그 브래지어를 입고 무대에 섰던 모델 마리사 밀러는 옷을 입은 소감을 이렇게 말했다.

"공주가 된 느낌이에요."

속옷을 입은 모습을 아무나 볼 수는 없지만, 좋은 속옷을 입은 여성 그 자신은 알 것이다. 누군가를 위해서라기보다 속옷은 속옷을 입은 스스로에게 만족감을 주었을 때 가장 가치가 있다는 것을 말이다. 다시 말하면, 자신의 몸을 소중히 여길수록 자신이 입는 속옷의 가치는 더 높아진다고 할 수 있을 것이다. 19세기까지만 해도 속옷과 보석의 어울림은 남성을 유혹하기 위한 유혹의 기술로 그려져 왔다. 하지만 이제는 자신의 만족을 위해 입는다는 것을 증명한 셈이다.

앞서 말한 대로 '좋은 구두는 여자를 좋은 곳으로 데려다 준다.'는 명언처럼 나는 좋은 속옷은 여성의 자신감을 완성시킨다고 생각한다. 겉으로 보이는 구두만 화려할 것이 아니라 이제는 좋은 속옷으로 여성의 자신감을 회복하면 어떨까?

좋은 속옷은 여성 스스로 자신감을 회복하는 기본이 되기 때문이다. 속옷의 목적은 우리 몸을 보호하고, 또 몸매를 건강하게 유지하기 위한 것이다. 몸매를 망쳐가는 아름다운 속옷보다는 우리 몸을 보정하고 최상의 상태로 유지하는 속옷이 필요한 것이다. 그런 속옷의 가치를 알아보고 자신의 속옷에 투자하는 여성이야말로 여성의 자존심을 지켜나갈 수 있을 것이다.

속옷은 무언의 저항

1990년대 이후 탄력 섬유의 도입과 운동으로 다진 몸을 선호하는 '몸매 가꾸기' 열풍의 결과, 기초의류의 매출이 극적으로 하락했다. 듀퐁은 트렌드를 이해하기 위해 조사를 수행했으며, 젊은 여성의 54%가 코르셋과 압착식 거들을 거부한다는 것을 알아냈다. 코르셋이나 거들은 노화, 구식패션 그리고 맹목적인 배타주의가 연상된다는 이유였다. 결국 듀퐁을 포함한 속옷 제조회사들은 기초의류 브랜드를 다시 만들어 댄스에서 영감을 받은 바디슈트와 신소재 거들을 개발해 새로운 시장에 호소했다. 여성의 옷장을 당당하게 차지하던 코르셋이 이제 역사 속으로 넘어간 것이다.

갑갑하게 허리를 졸라매야 하는 여성의 속옷에 여성이 반기를 들기 시작하면서 속옷도 새로운 시대를 맞았다.

1980년대 미국 최고의 팝스타이자 배우로서도 큰 성공을 거둔 **마돈나**는 무대 안팎에서 사회 관습에 얽매이지 않은 패션 스타일을 뽐내면서 '섹시 아이콘'으로 불리기도 했다. 그녀의 이런 자유분방함에 주류 사회는 분노했고 교황 바오로 2세까지도 그녀를 비난했지만, 정작 대중은 그녀에게 열광했다. 그녀의 뮤직비디오나 콘서트는 언제나 만석이었고, 급기야는 일명 '마돈나 워너비' 신드롬을 일으켜 란제리를 침실 밖으로 이끌어내기에 이르렀다.

마돈나의 전성기는 1985년에도 계속된다. 영화 '수전을 찾아서'의 주인공으로 캐스팅된 마돈나는 영화에서 지루한 일상을 살아가는 로베르타를 자유분방한 보헤미안 라이프 스타일로 끌어들이는 뉴요커 수전 역할을 맡았다. 영화 속에서 그녀는 반바지 아래 흰색 가터벨트와 망사 스타킹을 신고 맨해튼 거리를 누빈다. 심지어 상의는 브래지어가 훤히 들여다보이는 검은색 망사 배꼽티를 입었다. 이때부터 유행하기 시작한 패션 아이템이 바로 노출 브라, 코르셋, 가터벨트 그리고 스타킹이다.

마돈나의 란제리 사랑은 여기서 끝나지 않는다. 무대에서도 그녀는 란제리를 입었다. 그녀의 의상과 선정적인 퍼포먼스는 여성의 섹슈얼리티와 사회 통념에 대한 공개적인 저항이었다. 그녀는 '속옷의 겉옷화', '란제리 룩'이라는 자신만의 독특한 스타일을 통해 여성을 옭아매 온 사회적 기준을 향해 '더 이상은 NO!'라고 당당히 거부 의사를 밝힌 것이다.

이제 마돈나의 행보는 1990년대로 접어든다. 그 해 월드 투어에서 마돈나는 옅은 핑크색에 벨트가 달린 코르셋을 무대의상으로 입었다. 가슴골에서 가랑이까지는 지퍼로 연결되어 있고, 코르셋 하단에 매달린 가터벨트는 검은색 스타킹 위에서 더욱 도드라져 보였다. 이 의상의 클라이맥스는 코르셋에 달린 '콘 브라'였다. 이 '콘 브라'는 과장된 크기의 뿔 모양으로 유두 모양이 노골적으로 돌출된 형태였는데 이는 디자이너 장 폴 고티에가 1950년대에 유행했던 총알 브라에서 영감을 받아 만든 작품이라고 알려져 있다. 뿔 모양의 공격적인 라인에 부드러운 핑크색을 매치해 역사적으로 줄곧 여성을 속박하는 상징이었던 란제리를 여성 파워와 연결 짓고자 한 심오한 메시지를 담고 있는 의상이었던 것이다.

이외에도 마돈나는 속이 훤히 비치는 시스루 캐미솔이나 벨벳으로 제작된 콘 브라 등 다양한 종류의 란제리 의상을 선보이면서 사회를 향한 무언의 저항을 멈추지 않았다.

영화 속에서 만난 속옷 이야기

2020년부터 시작된 팬데믹으로 인해 전 세계가 길고 긴 홍역을 치르면서, 우리를 둘러싼 다양한 문화와 환경에도 적잖은 변화가 생겼다. 그중 가장 피부에 와 닿는 변화를 손꼽으라면, 필자는 서슴없이 '영화관을 더 이상 찾지 않게 된 것'이라고 말하고 싶다. 영화관은 뼈아픈 적자를 감수해야 했겠지만, 관객의 입장에서 이 변화는 꽤 달콤했다고 할 수 있다. 왜냐하면 극장에 못 가는 대신, 다양한 OTP 서비스를 통해 일명 '방구석 영화관'에서 수십 년 전 영화에서부터 최신 영화까지 두루두루 감상할 수 있었기 때문이다.

필자는 영화 중에서도 특히 '란제리'가 영화 요소로 비중 있게 다뤄지는 작품을 좋아한다. 어쩔 땐 이것도 직업병인가 싶다. 그래서 이번 장에서는 문화 그중에서도 영화 속에 나타난 속옷 이야기에 대해 함께 나눠보려 한다. 영화뿐만 아니라 연극, 음악 등 엔터테인먼트 산업은 속옷 스타일에 큰 영향을 미쳤다. 이미 100년도 더 된 이야기긴 하지만, 1910년대에 미국을 휩쓸었던 탱고 열풍은 '댄싱 코르셋'을 탄생시켰고, 재즈가 선풍적인 인기를 끌었던 1950년대에는 춤을 출 때 스윙 페티코트를 꼭 챙겨 입었다.

영상예술의 대표 격인 영화는 그만큼 색채와 실루엣 그리고 드라마틱한 장면들을 통해 관객의 마음을 사로잡는 힘이 있다. 무엇보다 대형 스크린을 통해 비치는 여배우들의 모습, 특히 아름다운 란제리를 걸친 그녀들의 모습은 시대가 변하고 여성상이 바뀌어도 여전히 매혹적이다.

영화 〈귀여운 여인〉에서 거리의 매춘부였던 비비안(줄리아 로버츠)은 백만장자인 에드워드(리처드 기어)의 차에 올라타 그와 며칠을 보낸다. 그와의 며칠 동안, 비비안은 상류사회를 경험하고, 에드워드와 격을 맞춰주기 위해 비싼 옷을 사 입고, 식탁예절까지 배운다. 비싼 옷을 입고 달라지는 비비안을 보고 누구도 그녀를 거리의 매춘부라고 생각지 못했다. 비싼 옷을 입어서가 아니다. 그 옷을 입으면서 그녀의 내부도 변화했기 때문이다. '나도 귀한 사람이다. 나도 가치 있는 사람이다.' 물론 영화 속 이야기지만, 현실도 이와 다르지 않을 것이다.

속옷은 외부로부터 자신을 보호하는 일종의 방탄조끼다. 그 안에 지켜내야 할 내 몸을 어떻게 만들 것인가를 먼저 생각하자. 몸과 마음의 균형을 이루지 못한 몸매인가? 아니면 몸과 마음의 균형을 이룬 몸매인가?

영화 '나인'(Nine, 2009)

뮤지컬 영화 〈나인〉은 희대의 매력남이자 감독인 귀도와 그를 둘러싼 일곱 여인들이 펼치는 지상 최대의 쇼를 그린 작품이다. 속옷 패턴 디자이너인 '나'의 눈길을 끄는 것은 매력적인 여배우들의 란제리 패션이다. 화려하면서도 여성성이 강조된 속옷을 좋아하는 내게 그녀들의 란제리 패션은 매우 강렬하고 특별하게 다가온다. 사실 디자인도 디자인이지만 속옷을 과감하게 겉옷처럼 입고 등장하는 그녀들의 당당함과 도도함이 더 큰 이유일 것이다.

그런데 그 여배우들 가운데 단연 돋보이는 이가 있으니 극 중에서 주인공인 귀도가 힘들고 지칠 때마다 나타나 위로하는 귀도의 어머니 '맘마' 역의 소피아 로렌이다. 사실 소피아 로렌은 어머니 세대가 추억하는 영화 속의 주인공으로 〈해바라기〉, 〈두 여인〉 등에 출연하는 등 1951년에 영화 데뷔를 한 뒤 무려 60여 년 동안 100여 편에 가까운 영화에 출연한 대단한 정력가다. 그런 그녀의 나이는 올해로 일흔다섯. 하지만, 나를 비롯해 보는 이들의 감탄을 자아내는 점은 일흔을 훌쩍 넘긴 할머니가 됐어도, 여전히 영화 속 그녀의 몸매는 결코 젊은 여성들의 그것과 견주어도 손색이 없다는 것이다. 페넬로페 크루즈, 니콜 키드먼, 케이트 허드슨, 주디 덴치 등 내로라하는 할리우드의 젊은 여배우들과 비교해 봐도 뒤떨어지지 않은 그녀의 몸매는 오히려 젊은 여배우들보다 훨씬 볼륨감 있고 연륜 있어 보일 정도다.

소피아 로렌의 몸매는 왜 늙지 않는 것일까?

60대에도 3~40대의 얼굴과 몸매를 유지했던 소피아 로렌
"그녀는 세상에서 가장 섹시한 여자다. 여전히…." (맷 데이먼)

"이탈리아 최고 미녀는 모니카 벨루치가 아니다. 바로 그녀다. 그녀는 이미 전설이다." (더글라스 커클랜드)

"60이 넘은 나이지만 그녀는 여전히 할리우드 최고의 다리를 가지고 있다." (내셔널 인콰이어러)

"세계 최고의 섹시스타를 뽑으라면 당연히 그녀다. 이유가 필요한가?" (비타매거진)

이쯤에서 한 번쯤은 가져볼 만한 의문은 소피아 로렌의 몸매는 '왜 늙지 않는 것일까'다.

세계에서 소피아 로렌만큼 오랜 기간 섹스 심벌로 인정받는 이가 또 있을까? 왕년의 섹스 심벌이지만 60년이 훌쩍 지난 후에도 여전히 그녀는 섹스 심벌이다. 오만하게 솟은 높은 광대뼈와 터질 듯 풍만한 가슴, 건강미 넘치는 시골 처녀의 섹시함으로 이탈리아를 넘어 유럽과 할리우드까지 공략한 소피아 로렌은 이탈리아가 자랑하는 세계적인 여배우다. 그리고 여전히 소피아 로렌은 의심할 여지 없는 세계 최고의 섹시 스타다. 지금도 세계를 대표하는 섹스 심벌하면 주저 없이 소피아 로렌을 꼽는다. 시원한 눈코입과 풍만한 몸매 때문이다. 그러나 나는 70대가 되어도 여전히 여성의 몸매를 유지하고 있다는 점에 큰 점수를 주고 싶다.

사실 그녀는 이미 1994년 영화 〈패션쇼〉에서 육감적인 몸매, 쏙 들어간 허리를 강조한 란제리 패션으로 눈길을 끈 적이 있다. 당시 매스컴에서는 비록 그녀의 나이가 60대지만, 3~40대의 얼굴과 몸매라는 찬사가 끊임없이 이어졌다. 그런데 영화 〈나인〉을 보면 대반전이 기다린다. 10여 년이 훌쩍 지난 지금에도 그녀의 몸매는 세월의 변화를 느끼지 못할 정도로 잘 관리되어 있기 때문이다. 심지어 2007년에는 70대에 접어들어서도 멋진 모양을 유지하고 있는 그녀의

소피아 로렌

명품 몸매 덕분에 세계적인 타이어 회사에서 만드는 고품격 누드 달력인 '피렐리'의 주인공이 되는 영광을 누리기도 했다.

볼륨이 큰 그녀의 매력… 70대까지 유지하다

세월에 따라 변하는 것이 여성의 몸매다. 그럼에도 불구하고 젊은 시절의 몸매를 70대까지 유지하는 그녀의 몸매 관리 비결은 무엇일까? 한 기자가 멋진 몸매의 비결에 대해 묻자 그녀는 이렇게 대답했다.

"젊게 생각하라. 당신의 삶과 가족을 즐기라. 매일 같이 삶이 당신에게 주는 것을 즐기고 그것으로부터 최선의 것을 선택하려고 애쓰라. 나는 내가 살면서 도저히 취할 수 없다고 생각한 것들을 가질 수 있었다. 그런 면에서 난 성공한 사람이다. 나는 내가 부럽다."

이 얼마나 당당한가? 사실 이미 늙어가는 자신의 몸을 보고 자신이 젊다고 느낄 여자가 세상에 얼마나 되겠는가. 그녀는 또한 자신의 몸매 유지 비결 중 하나로 '음식'을 손꼽았다. 평소 파스타를 즐겨 먹는데, 올리브유와 식초를 곁들인 그녀만의 파스타를 만들어 즐긴다는 것이다. 또한 올리브유 마사지를 꾸준히 해온 것을 몸매 유지의 비결로 꼽기도 했다. 하지만 내가 생각하는 그녀의 몸매 비결은 다름 아닌 '여성성의 자각'이 아닐까 싶다. 자신의 몸을 소중히 여기고 몸매를 가꿈으로써 자신의 몸매를 최고로 아름답게 보이도록 관리하는 게 바로 그녀의 최고의 몸매 비결일 것이다.

사실 아직도 우리나라 여성들이 소피아 로렌과 같은 몸을 타고났다면 어땠을까? 대부분 큰 가슴을 가리거나 감추려고 몸에 맞지도 않는 작은 속옷을 입거나 또는 큰 옷으로 몸매를 가리려고 하는 경우가 많았을 것이다. 실제로도 그렇다. 오히려 자신의 신체 사이즈를 몰라 잘못된 속옷을 사는 경우도 드물지 않다.

그런데 소피아 로렌은 어떠한가? 한때 소피아 로렌에 대한 대중의 평가는 지나치게 큰 입과 가슴이 천박해 보인다는 것이었다. 그러나 그녀는 달랐다. 오히려 매력적인 속옷을 이용해 허리는 날씬하게 하고 가슴과 엉덩이의 볼륨은 극대화했던 것이다.

여전히 커 보이는 자신의 몸매가 부끄러운가? 그렇다면 적어도 70대에도 여전히 탐나는 몸매를 가진 소피아 로렌을 눈여겨볼 필요가 있을 것이다. 그래야 몸도 자유롭고, 남의 시선으로부터 당당하고 자신감 있게 자신의 아름다움을 드러낼 수 있기 때문이다.

그렇다면 당당하게 자신의 타고난 몸을 가꾸고 오히려 장점으로 이용하려면 어떻게 해야 할까? 당신이 만약 소피아 로렌처럼 큰 가슴을 가졌다면, 사전에 가슴이 처지지 않도록 미리 예방하는 것이 좋을 것이다. 밑가슴 부분을 단단하게 받쳐주고 가슴 주위를 둘러싸는 풀 컵 사이즈의 제품을 선택하고 전체적으로

U자형으로 가슴을 모아주는 제품을 이용하길 권한다.

물론 사람이기에 세월의 변화에 따른 몸매 변화를 겪지 않을 수 없다. 그러나 속옷을 제대로 갖춰 입는다면, 건강은 물론 몸매 관리도 가능하다. 그것이 보정속옷의 매력이 아닐까 싶다. 정확한 사이즈를 알고 체형에 맞는 속옷을 선택하면 없던 볼륨도 살아나고 숨은 라인을 찾아주는 마법 같은 효과를 체험할 수 있기 때문이다. 특히 패턴 디자인을 하는 필자는 1mm의 차이도 몸매에 큰 변화를 줄 수 있다는 것을 알기에, 제대로 내 몸에 맞는 보정속옷을 입는다면 그 효과는 더욱 커질 수 있다고 단언한다.

그리고 보정속옷이라고 하면 흔히 몸매가 허물어지기 시작하는 중년 여성들이 관심을 가지는 아이템이라고 생각하지만, 나는 어려서부터 예쁜 몸매를 만들어 주는 것도 보정속옷 같은 **기능성 속옷**의 중요한 역할이라고 생각한다. 그렇기 때문에 속옷은 물론 자신의 몸에 대해 보다 정확히 알고 그에 맞는 속옷 착용을 어려서부터 해야 한다. 따라서 청소년 시기부터 아름다운 몸의 기초를 잡아주는 속옷을 입어야 하고, 그러한 속옷을 만드는 것이 앞으로 내가 가야 할 길이라고 생각한다. 소피아 로렌이 볼륨감 있는 자신의 아름다운 몸매를 나이 들어서도 간직할 수 있었던 것은 속옷에 대한 정확한 이해, 그리고 자신의 몸에 대한 '지속적인 관심'이 아닐까? 뮤지컬 영화 〈나인〉을 보면서 생각해본다.

바람과 함께 사라지다(Gone with the Wind, 1939)

누구나 한 번쯤 제목을 들어봤을 이 영화는 마거릿 미첼의 원작소설이 워낙 유명하기도 하지만, 영화에 등장한 아름다운 의상으로도 큰 화제를 모았다. 이 영화를 본 관객들은 여주인공 스칼렛(비비안 리)이 흑인 하녀들의 도움을 받아 코르셋을 힘주어 졸라매는 장면을 기억할 것이다. 이 영화를 촬영할 당시 비비안 리의 허리 사이즈가 무려 17인치였다고 하니, 코르셋의 도움까지 받은 그녀의 허리는 육안으로 보기에 훨씬 더 날씬해 보였으리라.

영화는 남북전쟁 당시를 배경으로 시작된다. 주인공 스칼렛은 귀족 가문인 오하라 가문의 장녀로, 도도한 매력으로 뭇 남성들의 마음을 설레게 하는 여인이다. 당시 귀족 가문의 여성들은 허리를 최대한 졸라매는 대신 스커트를 풍성하게 볼륨을 주는 빅토리아 스타일의 의상을 즐겨 입었는데, 덕분에 이 영화를 볼 때마다 색색의 화려한 드레스를 구경하는 재미도 쏠쏠하다. 영화에서 파티에 갈 준비를 하던 한 여인이 허리를 너무 심하게 졸라맨 나머지 정신을 잃고 쓰러지는 장면이 나오기도 하는데, 필자는 이 장면이 감독의 과한 연출만은 아닐 것이라고 생각한다.

지나치게 딱딱하고 무거운 코르셋 때문에 여성들은 몸을 자유자재로 움직이기가 쉽지 않았다. 또 빨리 걷거나 뛰는 것은 물론, 조금만 흥분해도 가슴과 허리를 꽉 조인 탓에 가쁜 호흡을 제대로 소화할 수 없어 정신줄을 놓아버리기 일쑤였다. 또 영화에서의 파티 장면을 보면, 지나치게 넓은 치마폭 때문에 여성들의 다리의 움직임이 전혀 보이지 않는 걸 볼 수 있는데, 그 때문에 여성들은 걷거나 뛴다기보다는 마치 스케이트를 타고 바닥 위를 미끄러져 다니는 것 같은 부자연스러운 모습이 눈에 띈다.

어쨌거나 '바람과 함께 사라지다'는 1940년에 아카데미상을 8개나 수상하는 등 미국 고전영화의 명작으로서 대성공을 거두면서, 인기와 명예를 거머쥐었다. 동시에 잘록한 허리에 대한 여성들의 집착도 정점에 달했는데, 이 영화가 요즘 시대에 재개봉된다면 당시와는 반대로 '탈코르셋' 운동에 기름을 붓는 역할을 하지 않을까 생각한다. 시대가 바뀌면서 같은 영화를 보고서도 관객들이 얻는 인사이트는 하늘과 땅 차이라는 것을 새삼 실감하게 된다.

보여 주는 것을 그대로 마냥 받아들이는 것이 아니라, 시대와 사상에 맞게 대상을 분석하고 비판적인 시선으로 바라볼 수 있는 시각은 영화뿐만 아니라 속옷을 디자인할 때도 적용되어야 하는 부분이 아닐까. 특히 젠더 이슈가 전 세계적으로 뜨거운 감자인 요즘 같은 시대에, 속옷 디자이너로서 시대의 흐름을 읽고 분석하는 공부를 게을리하지 않을 수 없는 이유가 바로 여기에 있다.

코르셋(Corset, 1996)

개인적으로 정말 재미있게 본 영화다. 1996년 개봉 당시 숱한 화제를 불러일으켰던 이 영화는 뚱뚱한 속옷 디자이너인 여주인공이 진실한 사랑에 눈뜨는 과정을 그린 로맨틱 코미디다. 당시만 해도 노처녀로 불리던 29세의 여주인공 선주(이혜은). 그녀는 곧 승진을 앞두고 있는 유능한 속옷 디자이너이지만 알고 보면 외모 콤플렉스로 인한 상처를 간직한 인물이다. 그런 그녀는 자신에게 유독 친절한 회사 동료 강이환(김승우)을 짝사랑하기에 이른다.

그러던 어느 날 선주는 이환의 유혹으로 그와 달콤한 하룻밤을 보내게 된다. 하지만 얼마 지나지 않아, 통통한 체격의 선주와 달리 늘씬하고 매혹적인 여직원 장수인(서혜린)이 입사하면서 두 사람의 하룻밤 로맨스는 허무하게 끝나버리고 만다. 더군다나 그날 밤 이환이 선주를 유혹한 이유가 사실은 '뚱뚱한 여자와의 섹스는 어떨까?' 하는 단순한 호기심에서 비롯된 것이었다는 사실을 알고 선주는 엄청난 배신감에 휩싸이게 되는데…

그 무렵 사랑과 일 중 무엇 하나 뜻대로 되지 않는 여주인공 선주 앞에 진솔한 모습으로 다가온 남자가 있었으니, 횟집에서 일하는 주방장 상우(이경영)다. 그와의 만남 속에서 선주는 비로소 진실된 사랑을 느끼며 있는 그대로의 자신을 사랑할 수 있게 된다.

이 영화에서 주인공 선주의 직업은 속옷 디자이너다. 그녀는 속옷 치수를 직접 자로 재지 않고 눈으로만 보고도 0.5cm의 미세한 차이를 알아차릴 정도로 유능한 베테랑 디자이너로 그려진다. 그러나 탁월한 업무 능력에도 불구하고 그녀의 출근 시간은 늘 초조하기만 하다. 매일 아침 강력한 코르셋으로 허리를 있는 대로 조이기에 바쁘고, 혼자 있을 때는 자신의 능력에 근거한 자신감보다는 자신의 외모에서 오는 스트레스로 자존감이 바닥을 친다.

그렇다면 이 영화에서 '코르셋'은 어떤 의미일까.

선주의 출근 시간마다 등장하고, 심지어 이 영화의 제목이기도 한 코르셋은 여기저기로 비집고 나오는 지방을 밀어 넣어 자신의 본모습을 어떻게든 숨기고, 남들에게 조금이나마 날씬해 보이게 해주는 보정속옷임과 동시에 자신의 개성과 자아를 억압하는 하나의 '족쇄'를 상징하는 것이라고 볼 수 있겠다.

개봉한 지 25년도 훌쩍 넘은 영화이지만, 필자는 이 영화의 포스터를 아직도 잊을 수가 없다. 포스터 속에는 검은색 코르셋을 입은 채 자신감 없는 모습으로 정면을 주시하는 주인공 선주가 서 있다. 그리고 그 옆에 선주의 속마음인 양, 의미심장한 한 문장이 함께 적혀 있었다.

'벗어버리고 싶어... 나를 조이는 모든 것'이라는 문장이 말이다.

25년 전, 이 영화를 보면서 필자는 몸과 마음이 함께 구속되는 속옷이 아니라 편안하면서도 멋진 실루엣을 만들어 주는 속옷을 짓는 디자이너가 되어야겠다고 조용히 다짐했다.

란제리(Love & Confusions, Amour & Confusions, 1997)

제목만 보고 무작정 선택한 영화도 있다. 명색이 속옷 디자이너인 내가 결코 외면해서는 안 될 것 같은 단도직입적인 제목이었기 때문이다. 그 영화가 바로 '란제리'다. 정신과 상담의와 동거녀 마틸드의 이야기를 코믹하게 풀어낸 프랑스 영화 '네프 므와'에서 연출과 각본 그리고 주연까지 도맡았던 파트리크 브라우데 감독의 작품이었는데, 란제리 회사의 수석 디자이너인 남자주인공이 새롭게 발령받아 온 여주인공과 사랑에 빠지면서 일어나는 에피소드를 담은 영화다. 무엇보다 두 사람의 이야기가 펼쳐지는 배경이 여자 속옷 회사라는 점에서 매장면마다 쉽게 눈을 떼지 못했던 기억이 있다.

영화의 스포일러가 되지 않는 선에서 조금 더 이야기를 풀어보자면, 란제리 회사의 수석 디자이너 던(파트리크 브라우데 분)은 우연히 한 여자와 사랑에 빠지는데 그녀는 던의 회사로 발령받은 미국인 여성이다. 그녀의 이름은 사라(크리스친 스콧 토마스 분). 하지만 그녀는 불꽃 같은 사랑의 환상을 간직하고 싶다며 꽃병에 자신의 연락처를 적은 종이만 남겨두고 홀연히 그를 떠나버린다. 그러나 이 꽃병이 깨지는 바람에 오해가 생겨 두 사람은 서로의 존재를 확인하지 못하고, 같은 회사에서 마주쳐도 서로가 누구인지 알아보지 못하는 아슬아슬하고도 안타까운 상황이 펼쳐진다.

란제리 회사가 배경이다 보니 영화 속에서 각양각색의 속옷이 자주 등장하는 것도 영화의 큰 볼거리 중 하나다. 뿐만 아니라 프랑스의 유명 란제리 숍과 화려한 란제리 패션쇼 그리고 란제리 차림의 팔등신 배우들의 모습을 감상하는 것도 이 영화의 빼놓을 수 없는 묘미 중 하나다.

무엇보다 이 영화에서 란제리는 사랑을 전달할 뿐 아니라 사랑을 표현하는 중요한 상징이자 키워드로 등장하는데, 몸을 너무 꽉 조이지도 않고 그렇다고 심하게 느슨하지도 않으면서 적당히 부드럽게 몸을 감싸는 란제리야말로 남녀 간의 이상적인 관계와 비슷하지 않을까 하고 넌지시 감독의 의중을 추측해보기도 했다. 그렇지 않다면 많고 많은 회사 중에 '굳이' 란제리 회사를 영화의 배경으로 삼을 필요가 없었을 테니까.

제5원소(The Fifth Element, 1997)

이 영화는 지금까지 소개했던 영화들과 달리, 90년대에 만들어진 뤽 베송 감독의 SF물이다. 2000년대의 뉴욕과 1914년의 이집트 그리고 우주를 무대로 벌어지는 선과 악의 싸움을 그리고 있다.

이 영화가 필자의 관심을 끌었던 이유는, 영화에 등장하는 주요 의상을 프랑스의 유명 디자이너인 장 폴 고티에가 디자인했다는 사실 때문이었다. 이 책에서도 몇 번 언급한 적이 있는 장 폴 고티에는 마돈나의 라이브 순회공연 의상을 디자인한 것으로 잘 알려진 인물이다. 당시 마돈나의 원뿔 모양의 무대의상이 세계적인 이슈를 불러일으켰던 것처럼, 이 작품의 여주인공 리루(밀라 요보비치)의 의상 또한 여간해서는 잘 찾아볼 수 없는 파격적인 모습을 취하고 있다.

몸의 주요 부분만을 가린 밴디지 룩, 즉 얇은 띠나 끈으로 신체 일부만 겨우 가린 듯한 의상을 통해 모르긴 몰라도 그 당시 허용되는 노출 수위에 최대한 근접하지 않았을까 생각이 든다.

다소 충격적이기까지 한 주인공의 이런 의상은 속옷과 겉옷의 구분이 없어진 미래의 패션을 보여 주기 위한 장치였을 것이다. 밴드를 몸 여기저기에 두른 듯한 이 미래지향적인(?) 의상은 영화가 개봉된 이후 각종 패션 아이템으로 응용돼 밴디지 티셔츠 등을 유행시키기도 했다.

이와 함께 영화의 등장인물들이 입었던 의상 스타일을 본뜬 오렌지 컬러의 쇼트 팬츠와 흔히 멜빵이라 부르는 서스펜더, 그리고 몸에 밀착되는 타이트한 티셔츠와 스타킹 등이 90년대 후반 미국 거리에서 흔히 볼 수 있는 하나의 스트리트 패션이 된 데는 이 영화의 공이 크다고 하겠다.

말레나(Malena, 2000)

말레나는 우리에게 잘 알려진 영화 '시네마 천국'의 쥬세페 토르나토레 감독의 또 다른 걸작이다. 이 영화는 제2차세계대전이 한창이던 당시, 작은 지중해 마을에서 벌어지는 그야말로 '묘한' 이야기를 담고 있다. 영화의 제목이자 주인공인 '말레나'는 너무도 매혹적인 외모의 소유자다. 아름다운 외모를 가졌다는 이유만으로 그녀는 사람들로부터 질시와 핍박을 받을 뿐 아니라 그녀가 지나갈 때마다 어린아이부터 어른까지 모두 그녀를 음흉한 눈빛으로 쳐다보기 일쑤다.

여자들은 그녀의 미모를 질투해 헛소문을 만들어내고 마을의 남자들은 음욕을 품은 채 그녀의 주위를 맴돈다. 그러나 그녀의 곁에는 순수하게 그녀를 연모하는 열세 살 소년, 레나토가 있다.

열세 살의 어린 레나토에게 비친 말레나의 모습은 단숨에 소년의 영혼을 사로잡을 만큼 아름다웠고, 한순간도 말레나를 생각하지 않고는 견딜 수 없었던 레나토는 그녀를 훔쳐보다 못해 급기야 그녀의 속옷을 훔치게 된다. 자칫 욕망의 표현으로 그려질 수 있는 '속옷 훔치기'라는 에피소드가 이 영화에서는 코믹하면서도 사랑스럽게 그려지는데, 필자는 그것이 이 영화의 큰 장점이라고 생각한다.

너무도 연모하는 여인, 말레나의 속옷을 훔쳐 와 자기 방에서 마스터베이션을 하는 레나토에게 식구들은 아무렇지도 않게 "제발 잘 좀 자자!"고 말하는가 하면, 아침이 되어 말레나의 속옷을 머리에 뒤집어쓰고 나타난 레나토가 놀라 쳐다보는 식구들에게 '프랑스산 모자'라고 궁색한 변명을 늘어놓는 장면에서 소년의 순진함과 순수한 감정을 동시에 느낄 수 있어 영화가 한층 다채롭게 느껴졌다.

하지만 레나토의 순진무구한 첫사랑도 그리 오래가지는 못한다.

전쟁에 참전했던 말레나의 남편이 전사했다는 소식이 전해지면서 말레나를 향한 마을 사람들의 시선이 더 사나워지기 시작한 것이다. 남자들은 자기 아내를 두려워해 말레나에게 일자리를 내주지 않고, 여자들은 질투에 눈이 멀어 있지도 않은 일로 그녀를 모함하기에 이른다. 결국 생계를 위해 독일군에게까지 웃음을 팔아야 했던 말레나는 사람들에게 단죄를 당하고 쫓기듯 마을을 떠나게 되는데…

그녀를 몰래 지켜봐 왔던 열세 살 소년 레나토만이 말레나의 진실을 간직한 채 쓸쓸히 그녀의 뒷모습을 지켜본다. 결국 레나토에게 남은 것은 말레나의 집에서 훔쳐 온 속옷 한 장뿐이지만, 소년의 마음속에서 그녀는 그야말로 '포화 속에서 피어 낸 한 송이 화려한 꽃' 같은 존재로 영원히 간직될 것이다. 물론 그녀의 속옷 한 장도 함께 말이다.

물랭루주(Moulin Rouge, 2001)

2001년 개봉한 이 영화는 '물랭루주'라는 화려한 카바레의 간판 가수이자 고급 창녀인 샤틴(니콜 키드먼)과 운명적인 사랑에 빠진 젊은 영국 시인 크리스티안(이완 맥그리거)의 이야기다. 가난한 예술가 청년과 치명적인 매력을 지닌 여배우의 운명적이고도 슬픈 사랑이 프랑스 파리의 몽마르트 언덕에 있는 화려한 뮤지컬 세트장을 배경으로 펼쳐지는데, 영화에 등장하는 뮤지컬 음악뿐만 아니라 여배우만큼이나 아름답고 화려한 의상이 영화를 보는 재미를 극대화해 준다.

물랭루주에서 특히 기억에 남는 의상을 꼽으라면, 코르셋과 뷔스티에라고 하겠다. 코르셋은 앞서 몇몇 영화를 소개하면서도 언급한 바와 같이, 여성의 몸매 교정 중에서도 특히 허리를 잘록하게 만드는 데 애용되면서 유사 이래 여성들의 몸을 억압하는 역할을 해온 속옷이라는 지탄을 받기도 하지만, 동시에 여체의 아름다움을 극대화하는 데 가장 큰 역할을 한 것 바로 코르셋이라는 점을 잊어서는 안 될 것이다.

뷔스티에는 원래 '끈 없는 브래지어'를 뜻하는데, 가슴 부분에 고무줄이나 탄력성이 좋은 니트를 고정시켜 여성의 상체를 한층 더 강조해주는 옷이다. 특히 뷔스티에는 목에서부터 가슴에 이르는 여성만의 섬세하고 부드러운 라인을 드러내기 때문에 입었을 때 로맨틱하고 섹시한 아름다움을 극대화하는 효과를 볼 수 있다.

어쩌면 영화의 포스터에도 적혀 있는 여주인공 샤틴의 '치명적인 유혹'은 코르셋과 뷔스티에가 있었기에 더 빛을 발할 수 있었던 게 아닐까.

브리짓 존스의 일기(Bridget Jones's Diary, 2001)

2001년 처음 우리나라에 개봉한 후 무려 20년이 지난 2021년 재개봉될 정도로 많은 사람들의 사랑을 받은 영화 '브리짓 존스의 일기'. 영화는 어김없이 홀로 새해를 맞이한 서른두 살의 여주인공 브리짓(르네 젤위거)의 집에서 시작된다. 사랑과 연애에 목마른 브리짓의 세상으로 운명처럼 걸어 들어온 정반대의 매력을 가진 두 남자! 젠틀하고 부드러운 매력의 스위트남 '마크'(콜린 퍼스)와 유머 넘치는 직진남 '다니엘'(휴 그랜트) 사이에서 그녀는 냉탕과 온탕을 오가며 사랑을 배워간다. 그런데 이 영화가 속옷과 무슨 상관이 있단 말인가? 이제부터 그 이야기를 하려고 한다.

필자는 '브리짓 존스의 일기'에서 가장 기억에 남는 대사를 꼽으라면, 다니엘이 브리짓과 뜨거운 밤을 보내기 위해 그녀의 속옷을 벗기다 말고 내뱉은 한 마디를 꼽고 싶다. 일이 이렇게까지 속전속결로 진행될 줄 미처 모르고 섹시하고 예쁜 속옷을 미리 챙겨 입지 못한 여주인공 브리짓. 그녀의 평상시(?) 팬티를 보며 "우와! 팬티 한 번 크다~!"라고 외치는 남자의 그 한 마디를 어찌 잊으랴. 개봉 당시 영화관에서 이 영화를 본 사람들은 아마 그 장면에서 다 같이 폭소를 터뜨렸을 것이다.

'브리짓 존스의 일기'는 위트 있는 대사와 공감이 되고도 남는 캐릭터 설정 등으로 오랜 시간이 지나도 여전히 전세계인의 사랑을 받는 영화다. 그런데 동시에 이 영화는 '여성이 자신의 팬티에 대해 갖는 이중적인 심리'를 절묘하게 묘사한 작품이기도 하다. 많은 여성들이 나 자신을 위한 팬티, 그러니까 아주 넉넉한 사이즈의 편안하고 튼튼한 팬티와 상대에게 보여 주기 위한 팬티, 즉 작고 화려하고 섹시한 팬티 이 두 종류를 구분해 옷장 속에 넣어둔다는 사실이다. 자신의 '평상시 팬티'를 내려다보며 민망해하는 브리짓에게 다니엘은 바람둥이답게 쿨하게 한마디를 던진다.

"괜찮아. 엄마 생각나서 좋은데 뭘..."

같은 여자로서 이 말이 브리짓에게 별 위로가 되지는 않았을 것 같지만 말이다.

언페이스풀(Unfaithful, 2002)

감각적인 영상미로 두터운 마니아층을 거느리고 있는 애드리안 라인 감독이 1996년 클로브 샤브롤 감독의 프랑스 영화 '부정한 여인'을 각색한 작품이다.

영화는 뉴욕 교외에 사는 행복한 중산층 가족의 모습을 비추는 것으로 시작된다. 결혼 10년차 부부인 에드워드 섬너(리차드 기어)와 코니 섬너(다이안 레인)는 8살 아들과 함께 남 부러울 것 없이 이상적이고 행복한 삶을 살아가는 중년 부부다.

그러던 어느 날, 쇼핑을 나갔던 코니가 갑작스러운 사고를 당하게 되면서 폴(올리비에 마르티네즈)이라는 젊은 프랑스 남자에게서 응급치료를 받게 되고, 본능적으로 낯선 남자를 향한 경계를 풀지 않았던 코니도 조금씩 어딘지 모를 폴의 신비스러운 매력에 이끌려 긴장을 풀게 된다.

여전히 남편을 사랑하지만, 남편을 향한 불타는 열정은 사라져버리고, 안일한 일상에 지쳐가던 그녀에게 찾아온 남자, 폴. 어느새 코니는 남편 그리고 아들과 함께 있을 때도 문득문득 폴의 웃음과 말투를 떠올리는 자신의 모습을 발견하기에 이른다.

그렇게 그녀는 점차 그의 세계로 빠져든다.

영화는 잔잔한 일상을 살아가던 코니에게 찾아온 이 '불타오르는 열정'을 여주인공이 화려한 속옷을 잔뜩 구입하는 장면으로 표현하고 있다. 남성임에도 불구하고, 여성들이 새로운 사랑을 시작할 때 마치 의식처럼 '속옷 쇼핑'을 나선다는 것을 캐치한 애드리안 감독의 통찰력이 돋보인 연출이라고 생각한다. 에드워드가 화려한 속옷을 사들이는 아내를 의심의 눈초리로 바라보는 장면 역시 '화려한 속옷=불타는 열정'이라는 공식에 딱 들어맞는 대목이 아니고 무엇이겠는가!

시카고(Chicago, 2002)

재즈와 술, 사랑 그리고 배신이 난무하는 유혹의 도시 시카고. 단조로운 일상에서 벗어나기를 꿈꾸는 평범한 가수 지망생 록시 하트(르네 젤위거)에게 시카고는 그야말로 꿈의 도시다. 그러나 화려한 무대 위에서 주목받는 스타가 되고 싶었던 록시는 한 번의 우발적인 살인으로 인해 교도소에 수감된다.

한편 아름답고 매혹적인 시카고 최고의 배우 벨마 켈리(캐서린 제타 존스) 역시 여동생과 남편이 한 침대에 누워 있는 것을 보고 격분하여 두 사람을 죽이고 결국 일급 살인 혐의로 체포되어 감옥에 갇히고 만다.

유명 스타였던 벨마는 감옥에서도 온갖 특혜를 누리지만 가난하고 보잘것없는 무명 가수였던 록시는 다른 죄수들의 뒤치다꺼리를 도맡는데, 그중 하나가 먼저 수감된 여죄수들의 속옷 빨래를 대신해주는 것이었다. 록시는 오래 전부터 동경해왔던 스타인 벨마의 속옷 빨래를 자처하지만, 그녀에게 돌아온 대답은 의외로 단호한 'No'였다. 자기 '고급 팬티'를 아무에게나 맡길 수 없다는 이유였다.

감옥에서조차 고급 소재의 속옷을 입고, 그 속옷의 손빨래를 고집하는 벨마의 모습은 벨마가 속옷을 단지 속옷 그 자체로 여기지 않는다는 것을 보여 준다. 벨마는 고급 속옷을 고집함으로써, 비록 지금은 감옥이라는 시궁창 같은 현실에 놓여 있지만 여전히 매력적인 여자이자 스타로서의 명성을 지키고, 화려하게 시카고로 돌아갈 자신의 마지막 자존심을 표현하는 하나의 수단이 아니었을까.

겉으로 보기에는 참담한 현실 그러나 보이지 않는 자신의 깊숙한 그 어딘가에는 '여전히 고고한 자존심'을 지키고 싶어 하는 여성의 심리가 이 영화에서 벨마를 통해 얄궂게 그려진 것 같아 오래 기억에 남는다.

툼 레이더(Lara Croft : Tomb Raider, 2018)

여성의 몸과 자아 표현의 산물인 속옷이 사이먼 웨스트 감독의 영화 '툼 레이더'에서 정말 다이나믹하게 드러났다 고고학자였던 아버지가 실종된 지 몇 년 후, 여주인공 라라 크로포트(안젤리나 졸리)는 20여 년간 방치된 아버지의 유물 중에서 아직도 작동되는 '시계'를 발견한다. 이 시계가 시간과 우주를 연결하는 열쇠라는 것을 안 라라는 우주 정복을 노리는 비밀 조직 '일루미나티'에 맞서 인류를 지키기 위한 힘겨운 싸움을 이어간다.

이 영화에서 주인공을 맡은 안젤리나 졸리는 영화에서 '탱크톱'을 자주 선보이는데, 필자는 그 덕분에 탱크톱 패션의 강렬한 매력에 눈을 뜨게 되었다. 소위 요즘 쓰는 말로 '입덕' 했다고나 할까.

몸에 딱 붙는 탱크톱 티셔츠를 무심한 듯 걸치고, 인류를 정복하려는 비밀 조직과 힘겨운 싸움을 벌이는 여전사의 시크함이란! 남녀노소 빠져들 수밖에 없는 캐릭터 설정이 아닐 수가 없다. 여기에 캐릭터의 성격을 해치지 않으면서도 여배우의 매력을 극대화하는 의상 스타일까지 더해지니 그야말로 금상첨화였다. 온갖 괴물과 끔찍한 싸움을 이어가야 하는 여전사 캐릭터지만 특유의 섹시함과 여성미를 잃지 않을 수 있었던 비결이 바로 그녀가 입은 탱크톱에 있었다는 게 필자의 생각이다.

영화 속 여전사들의 단골 의상이라고도 할 수 있는 탱크톱은 간편함과 무심한 듯한 섹시함을 느끼게 해주는 아이템이다. 탱크톱은 사전적 분류로만 보면 상반신에 입는 의상 정도로 총칭할 수 있지만, 주로 소매가 없거나 어깨끈만 달린 상의를 지칭하는 데 쓰인다.

탱크톱의 종류는 무궁무진하다. 1930년대 원피스 수영복인 탱크 슈트에서 유래한 러닝셔츠 형태의 탱크톱을 비롯해 가슴 윗선을 수평 재단해서 어깨끈만 달아 속옷과 비슷하게 만든 캐미솔톱, 브래지어 형태를 본떠 가슴선을 강조한 브라톱, 어깨가 완전히 드러나는 베어 톱, 한쪽 어깨만 걸치게 되어 있는 오블리크 톱, 목에 걸어 맨 것처럼 어깨와 등이 완전히 노출되는 홀터 톱 등 다 나열하기도 벅찰 정도. 탱크톱의 종류는 지금도 꾸준히 생겨나고 있을 만큼 여전히 전 세계 여성들 사이에서 인기 있는 핫 패션 아이템이라는 데 반기를 드는 사람은 없을 것이다.

여성의 속옷은 여성의 삶과 문화와 함께 변화하고 성장해간다. 속옷은 과거 여성을 통제하고, 억압하고, 남성의 성적 대상으로 보게 했던 과거의 역할에서 벗어나 이제 자신을 있는 그대로 표현하고, 스스로를 조건 없이 사랑하며, 사회의 당당한 일원이자 프로페셔널한 '존재'를 표현하는 상징으로 변모했다. 여성들이여! 당당하게 입고, 마음껏 표현하며, 스스로를 완전하게 사랑하라!

Part 5

가슴 뛰는 삶, 인생 경영

평범하지만, 평범하지만은 않은 나의 삶

ENFP '재기발랄한 활동가'

요즘 젊은이들 사이에서 인기인 MBTI 테스트로 확인해 본 필자의 성격이다. 상상력이 풍부하고 자유롭게 다니며 새로운 에너지와 아이디어가 무궁무진한 정열적인 성격이란다. 특히 ENFP 성격은 인간과 관련된 일에 호기심과 직관을 써서 창의성을 발휘하기 때문에 어울리는 직업 중의 하나가 디자이너였다.

MBTI 테스트가 단지 16가지 유형으로 사람의 성격을 나누는 것이니까 너무 과신하지 말라는 지적도 있지만 나름 성격과 직업까지 정말 비슷하게 결과가 나와서 놀랐다.

'천 리 도망은 해도 팔자 도망은 못 한다'는 우리 옛말이 딱 들어맞은 걸까?

필자는 그렇게 생각하지 않는다.

"생각이 달라지면 말과 행동이 달라지고, 행동이 달라지면 습관이 달라지고, 습관이 달라지면 성격이 달라지고, 성격이 달라지면 운명이 바뀐다."는 격언을 오히려 믿는 편에 가깝다.

돌이켜 보면 필자는 성격을 조금씩 바꾸면서 운명을 재단하며 살았다고 해도 과언이 아니다.

명복이라는 '여자' 아이

　나는 나이 차가 많이 나는 언니와 여동생 사이에 낀 둘째 딸로 자랐다. 알고 보니 언니와 나 사이에는 언니가 두 명 더 있었는데, 모두 어려서 하늘나라로 떠났다고 한다. 그러니 우리 집에서 나는 둘째 딸이면서 또 넷째 딸인 셈이다. 어쨌든 딸을 내리 넷이나 낳은 아버지는 가문의 대를 이를 아들을 보고 싶은 마음에 내 이름을 남자 이름인 '명복'이라고 지으셨다. 아들을 향한 아버지의 열정은 이름에서 그치지 않았다. 나는 늘 남자 옷을 입고, 머리는 동자승처럼 짧게 깎았으며, 치마는 한 번도 입어 보질 못했다. 내 손에는 항상 남자아이들이 갖고 노는 총과 칼이 쥐어졌다.
　그러나 나는 아버지의 눈을 피해 인형 대신 베개를 들쳐 업고 혼자 소꿉놀이를 하기도 했고, 종이로 인형을 만들어 곱게 치장시키고 몰래 공주 놀이를 하기도 했다. 아버지는 평소에는 인자하기 그지없으시다가도 어쩌다 내가 이런 '여자애들 놀이'에 빠져 있는 것을 보시면 불같이 화를 내셨다. 하지만 결국 아버지는 아들을 보지 못하시고, 내 나이 여덟 살 되던 해 뇌출혈로 세상을 떠나셨다.
　아버지가 돌아가신 후, 어머니와 어린 세 자매만 덩그러니 남겨지자 우리 가족은 살아갈 길이 막막했다. 마침 중학생이 된 언니는 부랴부랴 학교 기숙사에 들어갔고, 초등학교 1학년이던 나와 젖먹이 동생만 어머니와 함께 살게 되었다. 어린 기억에, 어머니가 어린 동생을 들쳐 업고 동이 트기도 전에 부지런히 행상을 나가셨던 기억이 또렷하다. 아직 엄마 손이 필요한 여덟 살배기 철부지를 홀로 집에 남겨 두고 행상을 나가시는 어머니의 심정은 어땠을까. 엄마로 산 지 수십 년이 지난 지금도 그때의 우리 어머니를 생각하면 가슴이 미어진다.
　어머니는 아직 어려서 끼니도 잘 챙겨 먹지 못하는 나를 위해 조그만 주먹밥과 심심한 된장국을 한 냄비 끓여놓고 이른 아침 집을 나섰다. 나는 텅 빈 집에서 혼자 일어나 주먹밥과 멀건 국으로 아침을 때우고는 책가방을 챙겨 학교에 갔다.

그 시절이야 대부분 가난이 벗이었던 시절이라지만, 우리 집의 가난은 유독 심했다. 다 쓰러져가는 판잣집에서 고단한 생을 하루하루 지워나가는 우리 가족에게 가난은 낭만도 아니요, 잠시 왔다 가는 바람도 아니요, 지독하고도 지긋지긋한 고통 그 자체였다.

당시 어머니는 어려운 생활 중에도 교회에 나가 열심히 신앙생활을 하셨다. 지금 생각하면 어머니의 그 믿음이 그 지독한 고난으로부터 시작된 것이 아닐까 싶기도 하다. 남편을 먼저 하늘나라로 떠나보내고, 어린 세 딸을 홀로 키우면서도 뜨겁게 신앙을 붙드는 우리 어머니를 눈여겨보시던 목사님이 살림살이에 조금이라도 도움이 될지 모른다며 기별을 주신 곳이 '동방 아동복지회'라는 곳이었다. 목사님은 그 단체를 통해 손수 나의 후원자를 물색해 주셨고, 덕분에 나는 초등학교 2학년 때부터 캐나다의 이름 모를 할머니로부터 매달 10달러씩 후원금을 받을 수 있었다. 지금이야 10달러라는 돈이 별 게 아니지만, 찢어지게 가난했던 당시에 10달러란, 지금 돈 수십만 원에 버금가는 큰 돈이었다.

하지만 어린 나의 마음에 큰 감동을 주었던 것은 '캐나다 할머니'가 보내주는 돈의 액수가 아니었다. 초등학교 2학년 때부터 내가 고등학교를 졸업할 때까지 한 번도 약속을 어기지 않은 할머니의 지속적인 관심과 사랑이었다. 할머니는 내 생일이면 어김없이 카드와 생일선물을 보내주셨다.

그때 매달 받았던 10달러는 한결같은 섬김과 따뜻한 사랑으로 내 가슴에 고스란히 간직되어, 세상살이에 지치고 사람들에게 배신당하는 아픔을 겪을 때마다 다시 일어설 수 있는 힘의 원동력이 되어주었다.

회사를 잃어버려 바닥까지 갔다가 소생한 후에 조금씩 실천하기 시작한 것이 어린이와 청소년을 돕는 일이었다.

훗날 그토록 보고 싶었던 캐나다 할머니를 찾아갔던 날.

나는 할머니 대신 그녀의 두 아들을 만났다.

이미 고인이 되신 할머니…

왜 빨리 만나러 오지 못했을까 후회도 되었지만 두 아들의 이야기를 듣고 나는 또 한 번 감동의 눈물을 흘리지 않을 수 없었다.

캐나다 할머니는 생전에 청소부 일을 하면서 자신의 두 아들을 뒷바라지한 것은 물론, 힘들게 번 월급을 쪼개서 매달 꼬박 10달러씩 지구 반대편에 사는 얼굴도 모르는 동양의 한 아이에게 기부를 했던 것이다.

비록 캐나다 할머니 생전에 그 은혜를 갚지는 못했지만, 내가 얼굴을 모르는 또 다른 아이들을 돕는다면 그 빚을 갚는 게 아닐까?

캐나다 할머니가 내밀어 준 따뜻한 손길은 내가 주어진 인생을 살아가는 동안 환한 등불처럼 항상 내 곁을 지켜주고 있다. 나는 그것을 '10달러의 기적'이라고 부른다.

굳세어라, 명복아!

어릴 적 현실은 늘 얼음장이었다. 가난이라는 현실이 결코 우리를 호락호락하게 놓아주지 않았던 것이다. 어머니는 낮에는 남의 집 일을 하고 밤에는 어두운 불빛 아래서 늦도록 삯바느질을 하셨다. 그 무렵 어머니는 재혼을 하셨는데, 새아버지는 와세다 대학 건축과를 졸업한 '인텔리'로 이름표만 말끔했지 여간해서는 돈벌이를 하지 않는 무책임한 남자였다.

그 무렵 나는 중3이 되면서 고등학교 진학을 꿈꿨지만 날로 기우는 가세에 차마 진학 얘기를 입 밖으로 꺼낼 수조차 없었다. 결국 나는 하는 수 없이 야간 상업고등학교에 입학한 후, 낮에는 서울에 있는 회사에서 사무보조원으로 일하고, 밤에는 학교에 가서 공부하는 '주경야독' 생활에 뛰어들 수밖에 없었다.

우여곡절 끝에 고등학교에 입학해서도 우리 집은 여전히 쌀 한 됫박이 아쉬운 형편이라, 아침이면 멀겋게 끓인 수제비를 먹고 집을 나서야 했지만, 가족과 함께한다는 그 사실 하나만으로도 마음에는 기쁨이 가득했다. 초등학교 때 세 자매가 뿔뿔이 흩어져 고아 아닌 고아 생활을 해야만 했던 때와 비교하면, 찢어지게 가난해도 한 지붕 아래 어머니와 세 함께 모여 살 수 있는 것만으로도 '천국'에 사는 기분이었다.

고등학교를 졸업한 뒤 나는 유치원 교사로 취직했다. 학교를 졸업하고 사회생활을 시작하면 어느 정도 가난에서 벗어날 수 있으리라 짐작했던 것은 큰 오산이었다. 여전히 미래에 대한 희망은 없어 보였고, 내 벌이로는 겨우 목에 풀칠만 할 수 있을 정도였다.

결혼, 그리고 결심

그 무렵 나는 지금의 남편을 만나 결혼했다. 내 나이 스물두 살 되던 해였다. 평범한 가정에서 자란 남편은 착실한 공무원이었다. 그러나 나는 남편이 가져다주는 월급으로 알뜰하게 살림을 꾸리는 주부로 살기에는 성이 차지 않았.

나는 남편을 설득했다.

"여보, 가게 하나 차려줘요. 뭔가 새로운 일을 해보고 싶어요."

그러나 남편은 단칼에 내 부탁을 거절했다. 하지만 쉽게 물러설 내가 아니었다. 끈질기게 매달리고, 애원하다시피 조르고, 간혹 애교도 부려가며 남편을 설득한 결과 결국 서울 강동구 천호동에 보증금 30만 원, 월세 2만 원짜리 조그마한 가게를 하나 얻을 수 있었다. 이 양품점이 바로 내 사업의 시작이었다.

처음에는 새벽 시장에 나가 옷을 떼다 팔았다. 겉옷과 속옷을 모두 취급했는데 그 당시 속옷은 정말 단순 그 자체였다. 디자인도 하나같이 특색이 없었고 색도 흰색 아니면 분홍색뿐이라, 정신없이 옷을 팔면서도 '여자들은 왜 겉옷을 살 때는 색이며 디자인이며 꼬치꼬치 따지고 고르면서 속옷을 살 때는 별 고민 없이 그냥 평범하고 흔한 디자인을 휙 휙 사 가는 걸까?' 늘 내 머릿속에는 이런 의문이 있었다. 아마 그 무렵에 생겨난 나의 의문과 궁금증이 속옷이라는 분야에 대한 하나의 '시드 머니'가 되지 않았나 싶다.

나는 장사를 하는 틈틈이 외국 서적을 읽으면서 선진국의 다양한 속옷 디자인과 색상 등을 눈여겨보았다. 그러던 어느 날 문득, '내가 직접 속옷을 만들어보면 어떨까?' 하는 욕심이 생겼고, 다음날 당장 실행에 옮겼다.

삯바느질로 한복을 지으며 세 딸을 먹여 살린 어머니의 손재주를 물려받아서일까? 작은 공장을 찾아가서 아는 지식과 상상력을 총동원해 디자인한 속옷을 만들어 달라고 했다. 외국 잡지에서나 보던 속옷이 양품점에 진열되자 반응은 뜨거웠고 불타나게 팔려나갔다. 내가 운영하는 양품점에 온 손님들은 내가 디자인한 속옷을 보자마자 "이거 외제죠?" 하며 미처 대답할 새도 없이 '묻지도 따지지도 않고' 내 속옷을 사 갔다. 심지어 가격도 묻지 않고 사겠다는 사람들이 줄을 섰다.

전혀 예상치 못했던 시기, 전혀 예상치 못한 곳에서 내 인생의 '잭팟'이 터질 줄이야! 내가 만든 속옷은 매장에 디스플레이기를 하기가 무섭게 불타나게 팔려나갔다. 내가 만든 속옷이 사람들에게 인기를 끄는 것도 너무 좋았지만, 이 사건은 나에게 큰 깨달음을 주었다. 이제껏 좋은 속옷이 시장에 나와 있지 않았을 뿐이지 여자들은 본능적으로 '예쁜 속옷'을 입고 싶어 한다는 사실을 깨닫게 된 것이었다.

내가 디자인한 속옷의 엄청난 인기에 힘입어 나는 동네 양품점을 청계천 신평화 상가로 옮겨 조금 더 큰 규모의 도매업을 시작했다. 매출액은 천호동에서 양품점을 운영할 때와는 비교가 되지 않았다. 그 무렵 유통업에 눈을 떠 두 개의 직영공장을 운영하면서 제품을 대량으로 생산하기 시작했고 디자이너도 채용해 제법 기업의 규모를 갖추게 되었다.

그렇게 하루하루 지나다 보니, 어느새 내 눈앞에 새로운 '욕심'이 생겨났다. 그것은 다름 아닌 '나만의 브랜드'를 만드는 것이었다. 남의 회사 제품을 파는 것에만 매달릴 것이 아니라 내가 직접 만든 속옷을 팔고 싶다는 야망, 그 야망은 뜨거운 열정이 되어 내 가슴을 뛰게 했고 어느새 나는 새로운 무대를 향해 달려가고 있었다.

두 아이의 엄마, 유학길에 오르다

사업이 날로 확장되면서 탄탄대로를 달리는 듯했지만, 내 안에는 이미 또 다른 비전이 생겨나 있었다. 다름 아닌 패션의 본고장에 가서 본격적으로 공부를 하고 싶다는 것. 그야말로 '꿈' 같은 이야기였다.

나는 처음 가게를 내고 싶다고 말할 때보다 훨씬 무거운 마음으로 조심스럽게 남편에게 입을 떼었다. 그런데 걱정했던 것과 달리 남편은 의외로 순순히 내 유학을 허락해주었다. 그동안 옆에서 지켜보면서 '한다면 하는' 아내의 고집을 익히 깨달은 덕분이었다. 그때부터 모든 것이 일사천리로 진행됐다. 지인을 통해 이탈리아 유학 정보를 구하고, 필요한 서류들을 신속하게 준비했다. 그리하여 1983년, 나는 스물일곱 살이라는 늦은 나이에 그것도 '1남 1녀의 엄마'라는 타이틀까지 쥔 채로 몇 년이 걸릴지 모를 유학길에 오르게 되었다.

비행기에 몸을 싣고 창밖의 구름을 내려다보고 있자니, 지난 세월들이 주마등처럼 스쳐 지나갔다. 손바닥만 한 가게를 얻으려고 온 시장을 몇 날 며칠 돌아다니던 일, 가게를 얻고 들뜬 마음으로 옷을 진열하던 일, 점심 식사도 잊고 장사에 열중하던 일, 속옷 패턴을 도화지에 그려 재봉틀을 돌리던 일… 하지만 감상에 젖어 있는 시간은 짧디짧았다.

이탈리아 땅을 밟자마자 다시 냉혹한 현실이 시작되었다. 나는 이탈리아의 속옷 전문 스쿨에 입학해 속옷 디자인의 거장이라 불리는 파울라 교수에게서 패턴과 디자인을 배우게 되었는데, 유학 생활은 생각했던 것보다 훨씬 힘들었다. 그야말로 죽을 맛이었다.

파울라 교수

의사소통이 안 되는 것은 물론이요, 문화 차이 때문에 현지 사람들과 친해지기도 쉽지 않았다. 지금처럼 인터넷이 되나, 유튜브가 있나, 그야말로 광야 같은 낯선 땅에 나 홀로 뚝 떨어져 살길을 찾아야 하는 어린 새가 된 기분이었다. 음식도 입에 맞지 않아 며칠을 굶다시피 했으니 지금 생각해도 그때 도로 짐을 싸서 돌아오지 않은 게 용하다 싶다.

'과연 이런 환경에서 내가 뭘 배울 수 있을까. 차라리 한국에 돌아가서 편하게 공부하는 게 낫지 않을까?' 이런 회의와 함께 나를 가장 힘들게 했던 것은 다름 아닌 '그리움'이었다. 가족이라는 단어만 들어도 가슴이 미어지는 듯했다. 유치원에 다니며 엄마를 그리워할 큰딸과 이제 겨우 걸음마를 떼고 아장아장 걸어 다닐 아들이 눈에 밟혀 밤에도 잠이 오질 않았다.

그럴 때마다 나를 지켜준 것은, 하도 읽고 또 읽어서 한 장 한 장 손때가 묻은 한 권의 책이었다.

나의 롤 모델, 루디아처럼

"그들 가운데
루디아라는 여자가 있었는데
그는 보라색 옷감 장수로서
하나님을 공경하는 사람이었다."

– 사도행전16절11~15 –

어린 시절 어머니의 굳건한 신앙을 보고 자란 나는 그녀로부터 평생 가져야 할 아주 값진 것을 물려받았다. 바로 '믿음'이다. 지독한 가난과 끝없는 고난 속에서도 다가올 내일의 소망을 찾으며 하루하루를 살아낼 수 있었던 것은 아마도 어머니로부터 물려받은 신앙의 유산이 강건했기에 가능한 일이었을 것이다.

그 믿음이라는 유산은 힘든 유학 생활 속에서도 나를 지탱해주는 유일한 버팀목이 되었다. 그리고 그 무렵, 나는 매일 밤 성경을 읽으면서 내가 진정으로 품어야 할 비전이 무엇인지, 내가 어떤 삶을 살아가야 하는지 분명히 깨닫게 되었다. 그것은 다름 아닌 '사도행전'을 통해서였다.

사도행전 16장에서 바울은 2차 전도 여행을 다니던 중에 성령의 인도를 받아 '빌립보'라는 성에 머물면서 복음을 전하게 되는데, 그때 많은 사람들 가운데 마음을 열고 복음을 받아들인 사람이 바로 루디아였다. 그녀는 보라색 옷감을 파는 상인이었는데, 당시 보라색 옷감은 왕족이나 귀족만 입을 수 있는 아주 비싼 옷이었기 때문에, 보라색 옷감 장사를 하려면 상당한 자본이 필요했을 것이다. 이로 미루어 짐작해 보건대, 루디아는 생활력이 아주 강한 여성 재력가였을 것이다.

하지만 루디아는 그냥 재력가가 아니었다. 그녀는 기도하는 부자였다. 루디아가 바울 일행을 만난 것도 기도하기 위해 강가에 나가 있던 바로 그 순간이었다. 그녀는 당시 여자의 몸으로 큰 사업을 일구면서 크고 작은 어려움들에 봉착했을 것이다. 그러나 그녀는 고난을 만날 때마다 기도하며 하나님의 뜻을 구하는 겸손한 성품의 소유자였다. 루디아의 이런 믿음은 나에게 큰 울림이 되었다. 앞으로 내가 만나게 될 고난과 장애물이 크더라도 루디아처럼 하나님 앞에 겸손하게 기도하면 내 길을 인도해주실 것이라는 확신이 물밀 듯 내 안에 밀려드는 순간이었다.

루디아의 이야기는 여기에서 끝나지 않는다. 복음을 듣고 세례를 받은 그녀는 바울 일행을 '강권하여' 자신의 집으로 초대한다. 바울 일행은 계속되는 선교 여행으로 이미 지칠 대로 지쳐 초라한 행색이었을 것이다. 그들의 모습을 보고 마음에 거룩한 부담감을 품은 루디아가 그들을 '강권하여' 배불리 먹이고, 최고로 좋은 것으로 대접하고, 편안한 잠자리를 제공해 주었던 것이다. 16장 말미에는 루디아가 자기의 집을 교회로 사용하도록 내어줬을 뿐만 아니라 바울 일행이 빌립보를 떠난 후에도 지속적으로 그들을 후원하며 선교에 동참했다고 적혀 있다.

시쳇말로 '유능한 장사꾼은 손해 볼 일을 하지 않는다.'고들 한다. 그러나 루디아는 하나님의 복음을 위해 기꺼이 손해 보는 것을 즐기는 여인이었다. 자신의 부를 축적하는 데만 열심인 것이 아니라, 도움이 필요한 사람들을 찾아 기꺼이 도움을 베풀되 오히려 섬김받는 이를 높여줄 줄 아는 지혜까지 겸비한 여인. 그야말로 나의 롤 모델 중의 롤 모델이 아닐 수 없다.

그날 이후로 나는 너무나도 빛나고 소중한 비전을 품게 되었고, 이 시대의 '루디아'로 살고 싶다는 소망을 품게 되었다. 그것은 나의 간절한 바람이자 나를 지키는 무기가 되어주었다.

결국 나는 광야와도 같았던 이탈리아 땅에서 1년간의 유학 생활을 성공적으로 마치고 귀국할 수 있었다. 우리나라에 돌아온 후 이탈리아에서 배운 새로운 디자인을 접목시켜 신제품들을 개발했고, 분명 큰 성공을 거두리라는 확신에 차서 제품들을 대량 생산했다. 그러나 내 예상은 아주 보기 좋게 빗나가고 말았다.

한국 여성들과 유럽 여성들의 체형이 근본적으로 다르다는 것을 간과했던 것이다. 내가 만든 속옷은 너무나도 '이탈리아 여성들을 위한' 것이었다. 우리나라 여성들의 체형에는 도무지 맞지 않았다. 그리고 그 사실은 소비자들의 철저한 외면으로 입증되었다. 수북하게 쌓인 재고품들을 보며 나는 뼈저리게 나의 시행착오를 반성했다. 그러나 모든 것을 끝내기에는 아직 일렀다.

무리한 사업 확장과 신제품 개발로 인한 적자를 감수하고서라도 나에게는 새로운 돌파구가 필요했다. 그 당시 한 외신을 통해 일본에서 기능성 속옷이 인기를 끌고 있다는 뉴스를 접한 나는 무작정 일본행을 결심했다.

3개월 동안 정말 미친 듯이 공부했다. 일본 오아키 디자이너에게 맞춤 속옷 디자인을 배우면서 나의 실패 원인을 분석하고 새로운 도약을 위한 전략을 수립했다. 또 같은 동양인이라 하더라도 생활 습관의 차이로 인해 체형이 확연히 달라질 수 있다는 것도 알게 되었다.

일본에서 유행한다는 기능성 속옷을 처음으로 직접 입어봤던 순간을 잊을 수가 없다. 적지 않은 비용을 지불하고 입어본 기능성 속옷의 첫 느낌은 '너무 꼭 끼어서 답답하다'는 것이었다. 처음에는 답답하고 소화도 안 되는 것 같았지만 점차 속옷에 익숙해지면서 온몸에 긴장감이 생기고 구부정했던 자세가 교정되는 것을 느낄 수 있었다.

일본에서 돌아온 나는 우리나라 여성들의 체형에 꼭 맞는 보정속옷을 만들겠다고 결심했다. 이탈리아에서는 이탈리아 여성들을 위한 속옷을 만들고, 일본에서는 일본 여성들을 위한 속옷을 만드는데 우리나라만 '우리나라 여성들만을 위한' 속옷이 없어서야 될 일인가.

제대로 된 제품이 나오기까지 몇 년의 세월이 걸릴지 몰라도 내 인생을 걸고 승부수를 띄워 보자 싶었다.

그 첫 단계가 우리나라 여성들의 신체 사이즈를 수집하는 것이었다. 10대 여학생들부터 50대 중년 여성들에 이르기까지 다양한 연령대의 신체 사이즈를 재고 데이터화하는 과정에서 연령별 신체 특성을 발견하고 분석하는 일에 공을 들였다. 그동안 일본에서 수집한 다양한 디자인과 치수별 샘플을 바탕으로 패턴을 만들어 주변 여성들을 대상으로 직접 속옷을 입혀보고 피드백을 적용하면서 수정 보완 작업을 거쳤다.

연구와 샘플링 작업만 꼬박 3년이 걸린 대장정. 해외시장 리서치를 위해 외국 출장을 다닌 것까지 하면 약 15억 원 가량의 개발비가 들어간 상태였다. 그 무렵 이미 서울 강남을 중심으로 일본에서 수입된 수백만 원짜리 맞춤 속옷이 선풍적인 인기를 끌고 있다는 이야기가 들려왔다. 더 이상 지체할 수가 없었다. 한시라도 빨리 제품 생산에 들어가야겠다는 조바심과 함께 왠지 모를 의무감과 책임감이 느껴졌다. 우리나라 여성들이 자기 몸에 맞지도 않는 외제 속옷을 입고 체형을 망쳐버리기 전에 얼른 내 손으로 만든 우리나라 여성들을 위한 보정속옷을 세상에 내놓고 싶었다.

그렇게 탄생한 것이 바로 '끄레벨팜'이라는 브랜드다. 한국 여성의 체형에 맞는 보정속옷이라는 '맞춤형 메리트'는 우리나라 여성들의 니즈를 충족시키기에 충분했다. 거기에 '합리적인 가격'과 '뛰어난 품질' 그리고 '편안한 착용감 중 무엇 하나 소홀히 하지 않았다는 것을 누구보다 소비자가 가장 잘 캐치 해주었다. 더불어 '몇 달 만에 자신의 신체 사이즈가 달라지는 경험'이라는 문구가 여심을 저격하면서 '끄레벨팜'은 우리나라의 대표 보정속옷 브랜드로 자리매김할 수 있었다.

미국의 팬톤 컬러 연구소의 발표에 따르면, 2022년은 '베리 페리'의 해가 될 것이라고 한다. 베리 페리는 블루와 레드가 적절히 섞인 '신비한 보랏빛'을 나타내는 신조어다.

사실 보라색은 누구나 선택할 수는 있지만 쉽게 소화할 수 있는 색은 아니다. 우아하고 신비스러운 느낌 덕분에 고귀함, 권력 등을 상징하는 색으로 쓰이기도 하지만 반대로 우울과 허영을 나타낼 때도 보라색이 쓰이기 때문이다. 우아함과 우울감, 고귀함과 허영심. 언뜻 보기에는 전혀 상관이 없을 것 같은 단어들이지만 잘 생각해보면 '한 끗 차이'라는 생각이 든다. 기본이 제대로 갖춰지지 않은 표면적인 우아함은 결국 우울감을 만들어내고, 나보다 낮은 이를 섬기지 않고 자신만을 높여 얻어낸 고귀함은 허영심을 부추길 뿐이다.

나는 '끄레벨팜'에 이어 우아하고 고귀한 또 하나의 '보라색의 브랜드' ettim을 만들었다.

우리나라 여성들을 위해 만들어진 기본이 탄탄한 체형 보정속옷으로 많은 여성들이 자신의 몸에 당당해지기를, 나만 잘 먹고 잘 사는 게 아니라 도움이 필요한 곳에 도움을 흘려보내며 다 함께 잘 먹고 잘 입고 잘 살게 되기를, 그래서 "I purple you(무지개 마지막 색인 보라색처럼 끝까지 함께 하고 사랑하자)."라는 말대로 우리 모두가 ettim과 함께 보라하기를!

몸 경영 토크
오한진 박사와의 대담

오한진 박사와의 대담

나이 들어감에 따라 허물어져가는 육체의 라인들…. 젊어선 속수무책 마음에 휘둘리다가 나이 들어선 몸에 끌려 다니는 것이 인생일지도 모른다.

여자 나이, 마흔이 넘을 때쯤이면 몸이 슬슬 말을 걸어오기 시작한다. 어느새 변한 몸매와 건강의 이상 신호로….

이럴 때 보정속옷을 입기 시작한다면, 그것은 이미 늦은 나이라고 박명복 대표 디자이너는 말한다.

여자의 몸은 예민한 까닭에 늘 존중받고 소중히 가꾸어 져야 한다고 국민주치의라 불리는 오한진 박사는 말한다.

여자의 몸을 누구보다 사랑하고 아끼는 두 사람의 만남은 그래서 더 진지했고 각별했다.

박명복 _ 국민주치의 오한진 박사님!

오한진 _ 저도 우리나라를 대표하는 속옷 디자이너 선생님을 뵙게 돼 영광입니다. '석세스 메이커'를 읽고 평생 여성의 몸을 연구하고 속옷을 만든 명장 디자이너라는 존경심이 저절로 우러나왔습니다.

박명복 _ 박사님과는 KBS '아침마당'에 함께 출연했던 인연이 있었지요? 여성의 몸뿐 아니라 마음까지 잘 헤아려 주시는 데 감동을 받았습니다.

오한진 _ 여성과 남성의 스트레스 지수 차이가 10대 1입니다. 남성은 스트레스를 받으면 빨리 잊어버리지만 여성은 오래 가서 병이 될 수 있지요. 그런 여성의 몸과 마음을 잘 알고 미리 건강을 지키는 것이 중요합니다.

박명복 _ 맞습니다. 제대로 알고 나누는 것이 정말 중요하다고 생각해요. 저 역시 속옷을 만들기 시작하게 된 계기가 여성들이 자신의 몸을 제대로 알고 사랑했으면 좋겠다는 바람에서 출발했어요.

오한진 _ 속옷에 대해서 디자이너 선생님 철학에 공감하는 것이 자신의 체형을 제대로 알고 입자는 것에 정말 동의합니다. 여성들이 살뺀다고 너무 조여 입는 것은 큰일이거든요. 혈액 순환에 방해가 될 뿐 아니라 소화에도 문제가 생기거든요.

박명복 _ 네. 속옷이야말로 매일 입는 건데 날씬하게 보이고 싶다고 무조건 작은 사이즈로 꼭 조여 입는 건 말씀해주신 대로 건강에도 문제지만 결코 날씬해 보이지도 않는다는 걸 강조하고 싶습니다.

오한진 _ 소비자 입장에서는 자신의 몸 치수를 정확히 아는 게 가장 우선이어야 하겠네요.

박명복 _ 그럼요. 아직도 정확한 자신의 몸 치수를 모르는 여성분들이 많으시거든요. 자신의 몸에 맞는 속옷을 입으면 불편하지 않고 오히려 편안하면서 날씬해 보이는 효과까지 덤으로 얻을 수 있다는 것을 다시한번 강조합니다.

오한진 _ 좋은 지적이십니다. 체형에 맞지 않고 특히 제 기능을 제대로 못하는 기능성 속옷을 장시간 입었을 때에는 오히려 체형에 해가 되고 건강에도 독이 될 수 있지요.

박명복 _ 100세 시대에 건강하게 오래 살기 위해서는 바른 자세를 유지하는 게 기본이라고 생각합니다. 그래서 저는 속옷을 디자인할 때 바른 자세를 유지하는 디자인과 소재에 가장 우선 순위를 둡니다.

오한진 _ 만드시는 속옷 원단이 짱짱하면서도 부드러워 놀랐어요. 근데 디자인이 겉에 입어도 될 만큼 화려하고 패셔너블해요. 누구 보라고 이렇게 입으시는 겁니까? 여성들은?... (웃음).

박명복 _ 여성의 아름다움은 사실 스스로의 자신감에서 올 때가 많다고 생각해요. 평소 속옷은 기초 화장품이란 신념을 가지고 있습니다. 기초 화장품 좋은 것으로 꾸준히 관리해야 피부가 아름답듯이 우리 몸도 사실상 같은 원리입니다. 보이지 않지만 속옷을 이렇게 멋지게 챙겨 입으면 스스로 귀한 느낌이라고 할까요? 날 스스로 대접하면 당당해집니다.

오한진 _ 속옷은 기초 화장품이다! 남자에게 잘 보이려고 속옷 섹시하게 입는 여성도 사랑스럽지만 스스로 흡족하고 스스로 당당하기 위해서 기초 화장품 정성 들여 바르듯이 속옷으로 몸을 잘 관리하는 여성 더 매력적이네요.

박명복 _ 스스로를 향한 예의라고 할까요? 그래서 바른 자세로 곱게 나이 들어가면서 아름다움을 포기하지 않는 여성을 속옷으로 만들어 드리고 싶습니다.

오한진 _ 사실 여성의 건강도 이런 스스로의 자존감에서 절반 이상이 좌우된다고 생각합니다. 마음이 건강한 사람은 질병 앞에서도 비켜갈 확률이 높고 발병했더라도 치유능력이 탁월하거든요. 또 이런 분들은 면역력도 당연히 높지요.

박명복 _ 박사님도 여성이 행복하고 아름다운 세상 만들기에 동의하시지요?

오한진 _ 당연하지요. 여성이 행복해야 가정이 행복하고 여성이 아름다운 사회는 활력이 넘칩니다. 외모의 아름다움보다는 건강하고 젊게 살려는 노력이 바로 시들지 않는 아름다움을 유지시켜주는 비결입니다.

박명복 _ 박사님의 말씀에 공감하면서 내 몸의 자존감과 면역력을 높여서 우리 모두 '몸 경영'에 성공하는 날까지 건강 속옷 만드는 일에 더욱 정진하겠습니다.

부록 여성들이 알아야 할

평생 속옷 스케줄

10대 체형 형성기

10대는 활동량이 많은 연령임을 고려해 신축성이 뛰어나고 배를 따뜻하게 해주는 소재를 입어야 한다.
또한 하루가 다르게 성장해나가는 신체를 보정해 줄 수 있을 정도의 단단한 소재여야 하고,
귀엽고 심플한 디자인이면 더욱 좋다. **iDi (아이디아이)** - https://idi-in.co.kr

라라팬티   소미팬티(high)   웜거들

20대 체형 정착기

20대의 여성들은 사회 활동이 활발하고 옷맵시에도 신경을 쓰기 때문에
겉옷 맵시와 몸매를 잘 살려주는 속옷이 적합하다.

난다브라   난다팬티   라피네거들

30~40대 제 2의 체형 형성기

30대와 40대에는 '제2의 전성기'가 시작된다. 가슴을 shape up하고
군살 라인을 정리 해주는 알맞은 사이즈의 체형 보정 속옷을 선택하여 입는 것이 중요하다.
체형 보정속옷은 지방을 올바른 위치로 분배해주는 일종의 틀 역할을 해줄 수 있기 때문이다.

미앤미브라&팬티   오드리바디슈트   뉴골반거들

부록 여성들이 알아야 할

평생 속옷 스케줄

50대 노화 진행기

50대는 피부의 탄력이 급속도로 떨어진다.
체형을 잡아주는 보정속옷을 꾸준히 착용하되 건강을 배려해야 하는 시기다.
40대까지 착용하던 하드 타입의 보정 속옷을 입어도 무방하다.
단, 사이즈 면에서 몸을 조인다는 느낌보다는 약간 넉넉하게 착용해야
혈액 순환이나 심장기능에 무리가 생기지 않는다.

미앤미바디슈트   리꼬바디슈트   랠리팔슬림   슬림스팻츠

60대~ 新노년기

60대에 접어들면 급격히 늘어난 나잇살로 겉옷 맵시에 신경 써야할 때다.
처진 근육을 최대한 올려주고 넓게 퍼진 가슴 근육을 모아 형태를 만들어주는 속옷을 착용하는 것이 좋다.
단, 착용하기 쉬운 쉐이퍼나 신축성이 좋은 바디슈트가 좋다.

플로리아바디슈트   나비드쉐이퍼   골반거들   매직골반니퍼

이 책에 언급된 책과 참고 자료들

1〉 선재광, 2021, 『척추만 잘 자극해도 병의 90%는 낫는다』, 전나무숲
2〉 노구치 마사코, 2018, 『프랑스 여자는 80세에도 사랑을 한다』, 더퀘스트
3〉 존 레이티, 에릭 헤이거먼, 2009, 『운동화 신은 뇌』, 녹색지팡이
4〉 에른스트 크레치머, 1921, "골격에 따른 체형 분류", 『체격과 성격』
5〉 노효경, 2004, "인체의 균형미에 영향을 미치는 셀룰라이트의 효과적 관리 방법", 한국생활과학회지 제13권 제2호, 283-290
6〉 메디팜 헬스, 2021, "다이어트 성공, 체중계 못잖게 '눈바디' 도움"
7〉 박은희, 구양숙, 2018, "여성의 속옷태도가 이미지메이킹 효능감과 외모관리 태도에 미치는 영향", 한국의상디자인학회지 제20권 제1호, 79-91
8〉 허프포스트, 2021, "자존감 회복을 위해 '좋은 속옷'을 착용해야 하는 이유는 이렇다"
9〉 이인식, 2002, 『성과학탐사』, 생각의 나무
10〉 이승미, 2016, "탈모가 대인관계 스트레스, 우울상태 및 삶의 질에 미치는 영향", 건국대학교 디자인 조형학과 박사 학위 논문
11〉 MBN뉴스, 2021, "K-헤어 분석 결과 발표한 다이슨 "한국인 60%, 매일 머리 감는다""

12〉 정해선, 강경자, 2004, "헤어스타일·길이와 모자유형이 인상형성에 미치는 영향", 한국의류학회지 제28권 제3호, 460-471
13〉 이진숙, 이정란, 2006, "크리놀린 스타일 및 버슬 스타일 재킷의 패턴분석과 재현에 관한 연구", 한국의류산업학회지 제8권 제1호, 80-88
14〉 ELERI LYNN, 박명복 옮김, 2011, 『UNDERWEAR FASHION IN DETAIL』, 낭만창작

내 몸의 기초 화장품은 바로 속옷입니다
내가 입은 속옷이 내 몸을 만듭니다
그래서 에띠임 속옷은 바른 자세로 사람을 살리는 옷입니다
'당당하고 아름답게' 내 나이가 참 좋은 당신들에게
큰 기쁨과 더 큰 축복이 함께 하기를...

앉다. 하지만 평상복만 입고 활동한 날에는 배를 만져보면 여전히 차가웠다. '도대체 이 바디슈트가 뭐길래?'라는 생각에 이리 저리 만져보다 발견한 것이 에띠임의 특허 받은 트레이드 마크 다기능 은지압구이었다. 사실 예로부터 우리 조상들은 은의 효능을 일찌감치 알아보았다. 본초강목에서는 '은을 몸에 지니고 있으면 오장이 편안하고 심신이 안정되며'라고 기록되어 있고, 동의보감에서는 '은은 냉대하와 같은 부인병 예방 및 치료에 효험이 있다'고 나와 있는 터. 에띠임 바디슈트에 부착된 다기능 은지압구가 몸에 밀착해 혈액순환을 도와준 덕분에 효선 씨의 오래 묵은 걱정이 두 가지가 턱하니 해결된 것이다.

  효선 씨의 새로운 삶이 그녀의 안색처럼 늘 밝고, 그녀의 몸처럼 항상 따뜻하기를 간절히 바라며, 나 또한 그런 삶을 살아가리라 다짐해보게 되는 만남이었다.

효선씨의 건강 식단

쇄골이 양 옆으로 퍼지고, 어깨가 날개뼈 방향으로 자연스럽게 확장되면서 자세가 교정되었다. '솔직히 신기하다는 말밖에는 몸의 변화를 표현할 길이 없다'며 만면에 미소를 띠고 이야기하는 효선 씨를 보고 있노라니, 나도 덩달아 마음이 흡족해지는 듯했다.

효선 씨 몸에 찾아온 변화는 자세 뿐만이 아니었다. 가장 큰 변화는 다름 아닌 '체온'이었다. 늘 윗배 부위가 차고 손발이 냉골이어서 그동안 여기저기서 좋다는 한약도 지어 먹어보고, 몸을 따뜻하게 하는 데 효능이 있다는 생강차며 홍삼이며 꼬박꼬박 챙겨 먹어도 영 차도가 없었는데, 어느 날 무심코 만져본 배가 거짓말처럼 따뜻했다. 어안이 벙벙했다. 단번에 믿을 수가 없었다. '설마 바디슈트 때문이겠어?'라는 생각에 셀프 점검도 해보았다고. 한 주는 바디슈트를 입고 생활하고, 다른 한 주는 평상복만 입고 생활해 본 것이다. 그랬더니 바디슈트를 입었을 때는 거짓말처럼 윗배가 따뜻한 상태를 유지했고 덕분에 어떤 음식을 먹어도 소화하는 데 어려움을 겪지 않로 제2의 인생을 살아가기로 굳게 마음먹었다. 새로운 삶을 꾸려가기 위해 그녀에게 주어진 숙제는 두 가지였다. 첫째, '찬 몸'을 따뜻하게 할 것. 둘째, '굽은 자세'를 바르게 할 것.

평소 손발이 차고 소화 기능이 좋지 않았던 효선 씨는 그 때문인지 사람들을 만날 때마다 '왜 이렇게 얼굴이 핏기가 없냐'는 말을 귀에 딱지가 앉게 들었다고 한다. 몸이 차고, 혈액순환이 원활하게 이루어지지 않으니 늘 얼굴이 창백할 수밖에. 추운 겨울이든, 더운 여름이든 남편 손이라도 잡을라 치면 '너무 차갑다'며 몇 번 무안을 당하다 보니 이제는 누구 손을 잡기가 겁난다는 여린 심성의 효선 씨. 그 때 유방암 환우회에서 필자가 만든 속옷 이야기를 들었다고 했다.

효선 씨가 처음 착용한 것은 슬림 스팻츠였다. 다리를 전체적으로 부드럽게 감싸주면서도 과하게 압박되지 않는 점이 가장 좋았다는 효선 씨. 게다가 슬림 스팻츠의 과하지 않은 조임 덕분에 부종이 있었던 종아리 부위가 훨씬 가벼워졌고 다리 전체를 종아리에서부터 엉덩이 라인까지 부드럽게 끌어올려주는 듯한 느낌을 받아 덩달아 걸음걸이까지 가벼워지는 걸 피부로 체감할 수 있었다고. 덕분에 눈이 오나 비가 오나 '빠르게 걷기' 운동을 거를 일이 없다니, 그야말로 일석이조다.

그녀에게 남아있던 두 번째 숙제는 바디슈트를 입게 되면서 자연스레 해결되었다. 평소 효선 씨는 어깨가 앞으로 다소 말려있는 이른바 '라운드 숄더'였기에 평소 어깨 통증을 달고 살아야 했다. 그런데 난생 처음 바디슈트를 입게 되자 앞으로 쏠려 있던 무게중심이 자연스럽게 뒤쪽으로 이동하면서 자세 변화가 시작되었다. 평소 앉아 있을 때에 어깨가 앞으로 말리고 배는 늘어진 상태로 구부정하게 앉아있기 일쑤였는데, 바디슈트를 입고서는

가족력을 이겨낸 인생 승리

송효선

유방암으로 투병하시다 끝내 하늘나라로 가신 어머니의 얼굴이 사무치게 그리워진 것은, 2017년 효선 씨가 유방암 판정을 받은 어느 날이었다. 당시 효선 씨의 아이는 고작 두 돌을 앞둔 갓난쟁이였다. 눈앞이 캄캄해지고 하늘이 무너지는 것 같았다. 하지만 하늘이 무너져도 솟아날 구멍은 있는 법. 가족력이 있었기에 누구보다 꼬박꼬박 산부인과 검진을 받으러 다녔고, 한 달에 한 번씩 자가 검진도 해왔던 터라, 암을 조기발견 할 수 있었던 것이 다행이라면 다행이었다.

효선 씨는 유방암 판정 이후 입원부터 수술까지 빠른 시일 내 치료 일정을 잡고, 마음을 굳게 먹고 치료에 임했다. 어머니의 얼굴이 떠오를 때마다 속으로 눈물을 삼키며 끝까지 씩씩하게 투병 생활을 이어갔다. 그렇게 한 해를 고스란히 치료에 열중하다 보니, 어느새 해가 바뀌고 필요한 모든 치료를 끝낼 수 있었다.

하지만 병원 치료가 끝났다고 해서 끝이 아니었다. 중요한 것은 이제부터 시작이었다. 몸에 좋지 않은 생활습관을 철저히 바꾸고, 새로운 삶 그야말

살이 급격하게 찌면서 매일 아침 일어날 때도 몸이 무겁고 눈앞에 뿌옇게 보이는 증상이 나타나기 시작했다. 이대로는 도저히 안 되겠다 싶어 부랴부랴 '홈트'를 시작했는데, 이 무렵 미선 씨가 필자에게 도움을 청해왔다. 지금까지는 살이 찌면 무조건 굶거나 지방 섭취를 급격하게 줄이면서 살을 빼왔는데, 이제는 건강하게 다이어트를 하고 싶다는 것이었다. 필자는 미선 씨에게 두말할 것 없이 플로리아 바디슈트를 권해주었다. 신축성이 좋아 홈트를 할 때 움직임에 방해를 받지 않으면서도 몸에 적당한 긴장감을 주어 체형 보정과 다이어트에 도움을 줄 수 있기 때문이었다.

그로부터 3개월쯤 지났을까. 미선 씨에게서 연락이 왔다. 추천해준 플로리아 바디슈트를 입고 매일 빠짐없이 1시간씩 홈트를 했더니 가슴 사이즈가 100B에서 85B사이즈로 바뀌었을 뿐만 아니라, 늘 배가 차서 고민이었는데 그것까지 자연스럽게 해결되어 요즘 아주 살 맛 난다는 기분 좋은 연락이었다. 좋지 않은 다이어트 패턴을 버리고, 자신에게 딱 맞는 운동을 찾은 것과 더불어 운동 효과를 배가 시켜줄 서포트 아이템을 찾은 것이 미선 씨에게 새로운 삶의 활력을 가져다 준 것처럼, 이 글을 읽는 여러분에게도 그런 터닝 포인트가 찾아오기를 간절히 바란다.

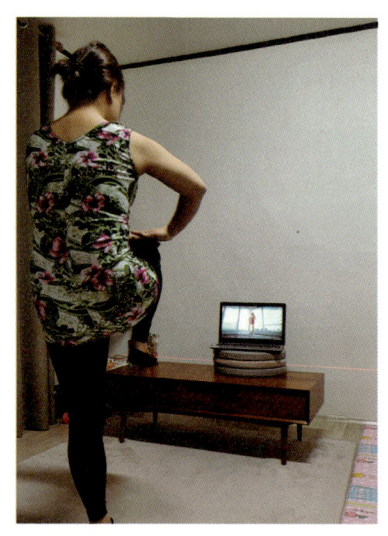
미선씨의 에띠임과 함께 하는 홈트

'찐급빠' 다이어트와는 먼 이야기였다.

일명 '지방 제로' 다이어트를 이어가던 어느 날, 마치 죽을듯한 고통이 그녀를 덮쳤다. 무리한 다이어트로 인해 지방 섭취가 없다시피 한 탓에 담석증이 생긴 것이었다. 의사의 권유로 담낭 절제술을 받았지만 그 후로 소화능력이 급격히 떨어져 삶의 질은 더욱 엉망이 되고 말았다. 그 덕분에(?) 오랜 세월 미선 씨를 괴롭히던 폭식은 하고 싶어도 하지 못하게 되었으니 다행이라고 해야 할까.

그러던 중 엎친 데 엎친 격으로 코로나가 그녀의 일상을 덮쳤다. 판매직 일자리를 내려놓고, 새로운 직장에 들어간 지 얼마 안 된 무렵이었다. 회사 업무가 재택근무로 대체되면서, 종일 집 안에만 틀어박혀 있는 날들이 반복되었다. 먹고, 앉아서 일하고, 또 먹고 또 앉아서 일하는 일상이 무한 반복되었다. 그러다 보니 폭식증의 부작용으로 왔던 건선이 심해져 운동을 해야겠다는 의지마저 온데간데없이 사라지고 말았다.

폭식증에서 벗어나
자기관리를 시작하다

전미선

  30대 후반의 미선 씨는 대형마트 내의 반조리 식품 매장에서 판매직으로 일하는 여성이다. 자그마한 체구에 애교가 넘치는 그녀는 알고 보니 몸무게가 20kg씩이나 쪘다 빠졌다 할 만큼 건강 상태가 좋지 않았다. 이야기를 들어보니, 고등학생 때부터 스트레스성 폭식증이 생겨 그 후로도 쭉 폭식하는 습관을 달고 살았다고 했다. 그 뿐만이 아니었다. 입에 쓴 약이 몸(병)에는 좋고 입에 단 음식이 몸에는 나쁘다는 말처럼, 매일 인스턴트 음식을 주로 먹다 보니 몸의 신진대사에 문제가 생겨 대사증후군이 생기고, 몇 년 전부터 갑상선 항진증과 건선으로 고생하고 있다는 것이었다.

  특히 미선 씨는 살을 빼는 방법이 문제였다. 폭식증으로 인해 음식을 마구잡이로 먹고 나면 몰라보게 불어난 몸무게를 보고 놀라 당장 다이어트에 돌입하지만, 그 방법은 필자 생각으론 너무 단순하고도 무모했다. 무조건 지방 섭취를 절대적으로 줄이는 것이었기 때문이다. 자신의 몸 상태를 파악하고 그에 맞는 다이어트 방법을 선택해 꾸준히 실천하는 것은 미선 씨의 '급

THE바른운동체형관리사 자격증

　수미 씨는 자신의 신체 변화를 느끼면서 사단법인 한국기능성의류 및 체형관리협회 'THE바른운동체형관리사' 자격증까지 취득하는 열정을 보였다.

　THE바른운동체형관리사 과정 수강을 하면서 몸을 보다 체계적으로 공부하고 관리하는 것을 배운 덕분에 다른 사람들의 아픈 몸까지 돌보겠다는 결심을 이야기할 때는 응원의 박수가 더해졌다.

　인생의 시련을 통해 새로운 돌파구를 맞이한 수미 씨의 삶을 가까이에서 지켜보면서, 이 세상에는 100% 좋은 일도, 100% 나쁜 일도 없다는 사실을 새삼 깨닫게 되었다. 어려운 시기를 지나고 있다면, 그 일을 계단 삼아 이미 다가오고 있을 기쁨의 순간을 기억하는 우리가 되기를 담담히 바라본다.

다. 겨우겨우 물리치료로 대증치료만 이어가던 중, 수미 씨의 사연을 알게 된 지인의 소개로 에띠임 보정속옷을 만나게 되면서 필자와도 새로운 인연이 시작되었다.

수미 씨와의 첫 만남은 본의 아니게 '진단'을 수반했다. 그 동안 많은 여성들을 만나왔던 터라 눈대중만으로도 신체의 균형을 어느 정도는 감별할 수 있게 된 덕분에, 첫눈에도 수미 씨의 몸이 정상이 아니라는 것을 알아차릴 수 있었다. 정면에서 봤을 때 한쪽 무릎이 바깥쪽으로 돌아가 있었고 골반도 틀어져 전체적으로 균형이 맞지 않는 상태였다. 하지만 매일 높은 힐을 신고 서서 일해야 하는 수미 씨의 직업 특성상 단번에 틀어진 몸의 균형을 찾기란 쉽지 않았다. 그래서 추천한 것이 복부까지 부드럽게 감싸줄 수 있는 디자인의 하이웨이스트 팬티와 골반 거들이었다. 하이웨이스트 디자인의 팬티는 오랜 시간 서서 일하는 수미 씨의 신진대사를 활발하게 도와주고, 힙을 올려주면서 상체와 하체의 비율이 4:6에서 3:7까지 변화되는 데 큰 역할을 해주었다. 골반 거들을 일할 때뿐만 아니라 자는 동안에도 꾸준히 착용한 결과 틀어진 양쪽 골반이 서서히 균형을 되찾고 고질병이었던 무릎의 '뚝 뚝' 소리도 어느새 사라져 버렸다. 이런 변화를 직접 몸으로 느끼고 경험하게 되면서 수미 씨는 사업 실패와 오랜 서비스업으로 받아온 스트레스에서 벗어나 자기 몸의 아름다움을 되찾는 기쁨을 누릴 수 있게 되었다.

불뚝 솟아있던 승모근이 완만한 곡선을 이루고, 균형을 찾은 골반 덕분에 다리가 가지런해지니 자연스레 짝 다리를 짚고 서 있는 일도 없어졌다. 골반 거들의 영향으로 힙은 올라가면서 몸의 전체적인 밸런스가 마치 30대 때로 돌아간 것 같다며 기뻐하는 수미 씨를 보며 필자도 기쁨을 감출 수가 없었다.

에띠임 시착 전	에띠임 첫 시착	시착 2년 후
2018년	2019년	2021년

수미씨의 체형 변화

리를 짚게 되고, 그 영향으로 골반이 틀어져서 유니폼 스커트가 자꾸 한쪽으로 돌아가 틈만 나면 옷 매무새를 다듬어야 하는 것도 스트레스로 다가왔다.

  불행은 얄궂게도 한꺼번에 찾아온다고 했던가. 백화점 일에 적응하며 힘겹게 하루하루 버티던 중에 수미 씨에게 예기치 않은 교통사고가 일어났다. 3중 추돌 사고 중 가운데 끼어있던 차에 수미 씨가 타고 있었던 것이다. 사고 후 사흘 째 되던 날부터 손이 붓고 다리에 통증이 느껴져 병원 치료를 받아야 했지만 눈으로 보이는 외상이 없어 2주간 이렇다 할 치료를 받지 못했

평범한 커리어 우먼에서
체형 관리 전문가로 변신

오수미

수미 씨는 수원에서 뷰티 학원을 운영하는 커리어 우먼이었다. 사업도 확장하고 탄탄대로를 달리던 중 경기가 점차 안 좋아지면서 급기야는 학원 문을 닫아야 하는 상황이 되고 말았다. 울며 겨자 먹기로 사업을 정리하고 처음으로 들어간 직장이 백화점 뷰티 매장 매니저였다. 수미 씨의 나이 45세였다.

백화점 일은 고됐다. 종일 서서 고객의 눈높이에 맞춰 일하다 보니 스트레스는 날로 커져갔다. 또한 매장 상품 진열부터 정리까지 모든 것을 도맡아 하면서 오른팔 관절에 무리가 간 탓인지 하루가 멀다 하고 관절이 빠져 병원을 드나들어야 했다. 그뿐만이 아니었다. 30대 때부터 고질병처럼 달고 살았던 무릎도 말썽을 일으키기 시작했다. 오른쪽 무릎에서 소리가 나던 것이 점점 심해져 통증까지 유발된 것이다. 여름 내내 백화점 매장에서 일하면서 시원하다 못해 추운 환경에 노출되다 보니, 무릎이 틀어지는 것이 몸으로 느껴질 정도였다. 또 오랜 시간 서서 일하다 보니 무의식적으로 짝 다

간식 대신 견과류, 파프리카, 사과 등 먹고 나서도 기분 좋은 건강한 간식을 챙겨 다니면서 이웃들과 함께 나누었다. 달라진 몸과 마음은 연분 씨가 '나눔'에 앞장서게 하는 계기가 되었다.

그뿐만이 아니었다. 따로 관리를 받아도 쉽게 나아지지 않았던 어두침침한 안색이, 알고 보니 몸의 찬 성질 때문이었다는 것을 깨닫게 되자, 무엇보다 체온 유지가 중요한 암환우들에게 꼭 필요한 것이라는 생각에 환우회를 통해 관계를 맺게 된 이들에게 선물을 해주기도 했다는 연분 씨의 이야기를 들으면서 나는 사실, 마음으로 울었다. 내가 간절히 바랐던 것, 나의 일을 통해 누군가에게 선한 영향력을 끼치며 살고 싶다는 오랜 바람이 나도 모르는 사이 어디에선가 이미 이루어지고 있었다는 사실을 알게 되었기 때문이었다. 연분 씨와의 만남을 통해, 나는 오늘도 하루를 살아갈 새 힘을 얻는다. 그 힘으로 다시 누군가에게 힘이 될 수 있는, 그런 하루를 살아낼 수 있기를 간절히 바라면서 말이다.

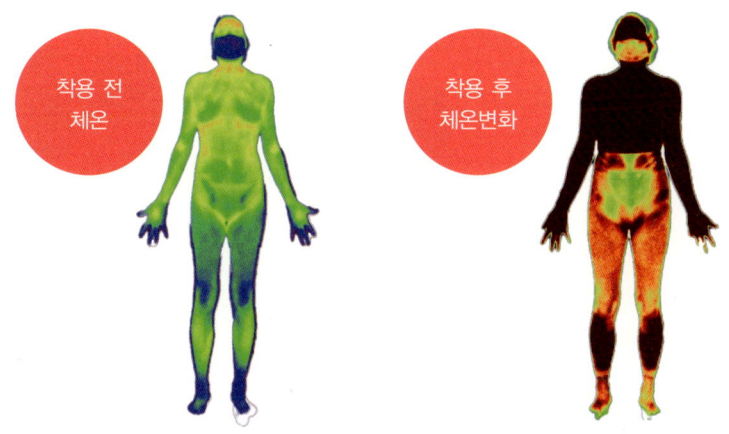

에띠임 보정속옷을 입은 후 나타난 체온 변화

몸이 차서 고민이라는 연분 씨의 말에 '몸을 따뜻하게 해주는 속옷'이 있다며 추천을 받은 것이 에띠임과의 첫 만남이었다.

그녀의 말을 빌리자면, 처음에는 '속는 셈 치고' 입어봤다고. 결과는 의외였다. 한여름에도 손발이 찬 것은 물론 계절에 상관없이 늘 한기를 느꼈던 연분 씨의 몸을 전체적으로 보정속옷이 감싸주자 일단 배부터 따뜻해지는 것을 경험하게 되었다. 항암치료를 마치고 집으로 돌아와서도 꾸준히 속옷을 착용한 덕분에 몇 달 후에는 스스로 '체질이 바뀌었나?' 하는 착각이 들 정도로 몸에 온기가 느껴졌고, 혈액순환이 촉진되면서 무엇보다 '안색이 달라졌다'는 이야기를 심심찮게 듣게 되었다. 몸 컨디션이 달라지자 마음도 덩달아 밝아지는 것 같았다는 연분 씨. 변하지 않을 것 같았던 체질도 관리하면 좋아질 수 있다는 걸 깨닫고 난 후로, 연분 씨는 마음 관리도 소홀히 하지 않았다.

매일 감사 일기를 쓰며 주어진 하루하루를 소중하게 살아냈고, 과자 같은

연분씨의 환우회 활동

하거나 억센 음식은 일절 먹지 않고, 삼시세끼를 챙겨 먹기는커녕 한 끼에 몰아서 대충 끼니를 때우기 일쑤였다. 그러다 하나라도 몸에 안 맞는 음식을 먹은 날에는 버스를 타고 가다 중간에 내려서 설사를 할 만큼 소화기능이 좋지 않았다. 더군다나 성인이 된 후로도 몸이 늘 냉해서 여름을 제외한 나머지 계절에는 배에 핫팩을 붙이고 다닐 정도였다고.

그런 연분 씨가 처음 필자가 만든 보정속옷을 만나게 된 것은 다름 아닌 병실에서였다. 각 병원마다 조직되어 있는 환우회 회원 중 한 명이 연분 씨의 병실에 찾아온 어느 날이었다. 비슷한 연령대에, 비슷하게 어려운 시기를 지나고 있는 사이인지라, 금세 마음을 터놓고 이야기할 수 있었다. 속 깊은 이야기부터 소소한 이야기까지, 시간가는 줄 모르고 담소를 나누던 중,

유방암을 이겨낸 놀라운 기적

이연분

홍조로 인해 새빨개진 두 볼과 다소 어두운 낯빛. 연분 씨의 첫인상이었다. 그녀는 서른여덟 살의 나이에 유방암 판정을 받았다. 다섯 살배기 어린아이와 곧 중학교 입학을 앞두고 있는 딸아이를 키우던 시절이었다. 유방암 3기 판정을 받고 눈앞이 캄캄했다는 연분 씨. 그러지 않을 도리가 없었을 것이다. 아이들을 봐서라도 살아야겠다는 일념으로 여러 차례의 수술을 마치고 항암치료를 8차까지 받았다. 방사선 치료와 병원에서 먹으라는 약도 꾸준히 복용했다. 그러는 동안 여자의 자존심인 머리카락은 이미 첫 수술 이후에 모두 빠져버린 터라 거울을 쳐다보기도 싫었다고.

살가운 남편을 만나, 두 딸을 키우며 평범한 전업주부로 살던 연분 씨는 투병 생활을 하면서 자신의 몸에 대해 생각할 시간이 많아졌다. 어릴 때부터 유난히 몸이 찬 편이었는데, 그 때문인지 줄곧 별명이 '말라깽이'일 정도로 늘 마른 체형을 유지했고, 조금만 기름진 음식이나 찬 음식을 먹으면 곧바로 탈이 나서 음식을 늘 가려 먹어야 했다.

이런 식생활 패턴은 편식으로 이어졌다. 미나리처럼 향이 조금이라도 강

전체적으로 감싸주면서 가슴이 처지지 않고 오히려 가뿐하게 들어올려지는 것을 경험한후로는 싼 맛에 입었던 기존브래지어에 손이 가지 않았다고 했다.

에띠임은 그야말로 효순 씨를 위한 안성맞춤 속옷이었다. 탄성 회복률이 뛰어난 이태리 소재의 수입원단과 탄탄한 지퍼 그리고 넓은 어깨끈은 가슴이 클수록 잘 받쳐줘 큰 도움이 되었던 것이다

그 후 평생의 콤플렉스였던 '큰 가슴'이 이제는 당당하고 자연스러운 내 몸의 가장 '큰 자부심'이 되었다는 효순 씨.

그렇게 시작된 인연이 벌써 15년이 훌쩍 넘었다. 그 후로 꾸준히 보정속옷을 착용하고, 자신을 소중히 여기며 자기 관리를 시작한 효순 씨는 고통의 나날을 정리하고 새로운 인연까지 만나서 인생 2막을 신혼처럼 살고 있다

효순 씨처럼 먹고 살기 위해 고생하며 자녀들 건사하느라 정작 자신은 돌보지 못하고 살아가는 중년 여성들이 이 땅에 얼마나 많을까. 우리네 어머니 같고, 언니 같고, 이제는 친구 같은 이런 분들을 만나면 손을 꼭 붙잡고 이렇게 말해주고 싶다. "이제는 '나'를 좀 더 가꾸며 살자고. 꽃같은 시절은 지나갔어도 남은 인생은 내가 꽃이 되어 살아 보자"고.

손뜨개의 달인 효순씨의 책

면서 만남을 청해 온 것이다 효순 씨는 고가의 이태리 실을 고집해오던 터라, 에띠임 보정속옷 역시 고가의 이태리 수입 원단으로 만들어진 것을 한눈에 알아볼 수 있었다고 했다 결정적으로, 보정속옷을 입고 겉옷을 입은 날에는 뜨개방을 찾아온 손님들이 하나같이 "사장님, 다이어트 하셨어요?" 하고 물어오는 통에 은근히 기분이 좋아져 괜히 더 서비스를 끼워주기도 했다고.

사실 효순 씨는 옷태가 살아나고 남들이 보기에 날씬해 보이는 것만으로는 에띠임 속옷을 지속적으로 착용할 결심이 서지 않았다고 솔직히 말했다. 그런 그녀의 마음을 사로잡은 것은 바로 '자세 변화'였다. 보정속옷을 착용한 후로, 오랜 고민이었던 '굽은 등'이 서서히 펴지면서 어깨 통증이 사라지는 것을 직접 경험한 것이다. 유난히 가슴이 큰 체형 탓에, 늘 가슴을 가리느라 습관적으로 어깨를 움츠리고 다니다 보니, 등이 굽어 어깨 통증을 달고 살아야 했던 효순 씨. 하지만 쉽게 탄력을 잃지 않는 이태리 소재 수입 원단이 상체를 부드럽게 조여주고, 브래지어의 넓은 어깨끈이 큰 가슴을

효순씨의 당당한 인생 2막

하고, 더불어 손뜨개 책까지 출판할 수 있었다.

그러나 기쁨의 나날은 그리 오래 가지 못했다. 뜨개방을 운영한지 채 10년이 되지 못해, 중국에서 값싼 저가형 뜨개 완성품들이 대거 국내로 들어오면서 인터넷을 통해 손쉽게 구입이 가능해진 것이다. 그럼에도 효순 씨는 그 당시에도 고가의 이태리 실만을 고집했다고 한다. 이태리 실의 광택과 질감의 탁월함은 그 어느 원사도 따라가지 못하기 때문이다.

상품의 퀄리티를 낮추면서까지 저가형 시장에 뛰어들고 싶지 않았던 효순 씨 하지만 소비자들은 한 땀 한 땀 공들여 짠 핸드메이드 작품보다는 빠르고 저렴하게 구입할 수 있는 중국산 제품들을 선호했다. 효순 씨에게 찾아온 또 한 번의 위기였다.

필자가 효순 씨를 만나게 된 것은 바로 이 무렵이었다. 뜨개방에 다니던 수강생의 추천으로 우연히 에띠임 속옷을 접하게 되었는데, 보정속옷을 착용한 날과 그렇지 않은 날의 옷태가 확연히 달라진 것을 스스로 느끼게 되

손뜨개 달인, 새로운 인생 터닝 포인트를 만나다

지효순

　효순 씨의 첫인상은 한마디로 '마음씨 좋은 동네 언니'였다. 그도 그럴 것이 서글서글한 눈매에 흰 피부 그리고 붙임성 좋은 말투까지, 전형적인 '인상 좋은 사람'의 조건을 두루 갖춘 사람이었기 때문이다. 하지만 사람의 겉모습은 빙산의 일각과 같은 것. 알고 보니 그녀는 누구보다 힘든 시간을 보낸 사람이었다.

　남편의 사업이 부도가 나면서 효순 씨의 명의로 된 사업까지 줄줄이 문을 닫게 되고, 결국 효순 씨는 신용불량자가 되었다. 가세는 날로 기울어가고, 남편의 방황은 점점 길어져만 가는 막막한 상황에 처했던 것이다.

　가정주부로 살림을 꾸려오던 효순 씨가 두 손을 걷어붙이고 나선 건 그 무렵이었다. 결혼 전부터 좋아하던 뜨개질이라는 취미를 살려 뜨개질 강사로 일하기 시작한 것이다. 집안일과 강사 일을 병행하면서 착실하게 돈을 모아, 일산에 작은 뜨개방을 오픈하고 자신만의 손뜨개 작품들을 만들어냈다. 효순 씨의 이러한 재주와 노력이 세상에 알려지면서 TV 프로그램에 출연도

'기쁨을 나눈다'는 뜻이 될 수도 있습니다.
'덕분에'라는 마음으로 누군가를 만나면 매일 좋은 일이 일어납니다.
저 역시 매일 감사 드립니다.
이 모두가 에띠임 가족, 고마운 당신들 덕분이라고...

'덕분' 이라는 단어가 있습니다.
한자로는 '德分'이라고 쓰며, 덕을 나눈다는 의미로
국어대사전에는 '베풀어 준 은혜나 도움'으로 쓰여 있습니다.
'덕분'은 '행복을 나눈다'는 의미이기도 하고,

introduction 02

  40년이 훌쩍 넘는 세월 동안 속옷 디자이너로 살아오면서 숱하게 많은 여성들을 만나왔다. 그 중에서도 남에게 말 못할 고민과 내적인 어려움을 부둥켜안고 살아오던 중, 뜻밖의 인연으로 새로운 삶의 단계로 도약한 이들이 적지 않다.

  뜻밖의 인연이란 거창할 것이 없다. 그저 서점에 선 채로 몇 장 읽은 책 속의 한 구절이 생각을 바꿔놓을 때도 있고, 친구와 커피 한 잔 하며 나눈 대화가 다시 살아갈 힘을 주기도 한다. 유튜브에서 우연히 본 짧은 영상 속에서 새로운 깨달음을 얻기도 하고, 작업을 하며 틀어 놓은 라디오에서 흘러나온 누군가의 사연에 공감과 위로를 얻기도 하니 말이다.

  필자가 만난 사람들의 인연도 이와 다를 바 없다. 다만 그들의 공통점이 있다면 필자가 만든 기능성 속옷과의 만남을 통해 자신의 현 상황을 객관적으로 바라보게 되고, 내 몸을 관리하게 되고 그러면서 무엇보다 나 자신을 사랑하게 되었다는 것이다. 그들의 진실한 이야기를 통해 몸 경영의 리모델링을 새롭게 시작하길 바란다.

않는 것을 선택, 재활을 하며 약도 많이 먹고 목발을 짚고 다녔다. 그 당시 몇 주 만에 급격하게 살이 쪄서 그동안 입었던 옷도 맞지 않을 정도로 몸이 불었다. 그때 에띠임 보정속옷의 탁월함을 알았다. '입고만 있어도 다이어트 효과가 있다는 게 이 말이었구나' 싶어 신기하면서 더 큰 자부심이 느껴졌다. 어쨌든 급격하게 찐 살도 빼고 싶고, 더 탄탄하고 균형 잡힌 몸매로 거듭나고 싶다는 열망이 생기면서 요즘은 아침마다 걷기 운동을 시작했다. 매일 아침 5시 30분부터 6시 30분까지 한 시간 동안 걸으면서 신선한 공기도 들이마시고 마음을 새롭게 하다 보니 삶의 활력이 생겼다.

골절된 다리도 정상이 되었고 60킬로대를 찍었던 체중도 다시 제 체중으로 내려오면서 가뿐하다. 회복과 충전이 간절할 때, 무엇보다 잘 살고 싶을 때, 에띠임 바디슈트를 입고 바른 자세로 걸으면 세상에서 가장 큰 힘이 생겨난다. 그것이 바로 에띠임 보정속옷의 신비함이다.

데 김해에 있는 올케 언니가 에띠임 지사를 내게 되어 나도 에띠임 일에 한 발을 들여놓게 된 것이 아닌가. 처음에는 '내가 할 수 있을까' 싶고 자신이 없었다. 그래서 출판사 일과 함께 투잡으로 일을 병행하다가 나도 모르는 사이에 에띠임 일에 전념하게 되었다.

 사실 내가 처음 에띠임 속옷을 입었을 때는 많이 불편했다. 보정속옷은 원래 이런 것이겠거니 했지만 알고 보니 아직 측정 시스템대로 제대로 옷을 착용하지 않아 너무 작게 입었던 것이었다. 그러던 중 정기적으로 교육을 들으면서 '옷은 내 몸에 하는 기초화장이기 때문에 작게 입어서도, 크게 입어서도 안 된다'는 박명복 대표 디자이너 선생님 말씀을 듣고 그제야 내 몸에 맞는 사이즈의 속옷을 입기 시작했다. 그랬더니 아니나 다를까, 온몸이 너무나 편했다. 그러면서 참으로 내 몸에 놀라운 변화가 일어나기 시작했다. 나를 괴롭히던 두드러기가 점차 종적을 감추기 시작한 것이 아닌가!

 그리고 또 하나! 남이 모를 내 몸에 대한 콤플렉스도 해결되기 시작했다. 키가 작고 골반이 큰 체형 탓에 항상 긴 티를 고집하다 보니 안 그래도 작은 키가 더 작아 보였다. 그 당시 내 워너비는 '벨트를 차고 다니는 여성'이었을 정도로 내 몸은 그야말로 통나무 라인 같았다. 그러나 에띠임 골반 거들을 몇 년간 꾸준히 착용하다 보니 허리의 군살이 정리되면서 상체와 하체의 밸런스가 생기면서 몸의 전체적인 실루엣이 눈에 띄게 좋아졌다. 상체는 빈약하고 하체는 커서 콤플렉스였는데 상 하체 균형이 잡히니 자연스레 스트레스도 사라졌다.

 얼마 전 다리를 다쳐 에띠임을 입지 못했을 때가 있었다. 바위에서 미끄러져 발이 완전히 꺾여 다리가 골절되어 부러졌었다. 수술을 하지 않고 접착되려면 두 달 정도 걸리고 수술하면 한 달 걸린다고 했다. 근데 수술을 하지

> 회복과 충전이 간절할 때, 무엇보다
> 잘 살고 싶을 때, 에띠임 바디슈트를 입고 바른 자세로
> 걸으면 세상에서 가장 큰 힘이 생겨난다. 그것이 바로
> 에띠임 보정 속옷의 신비함이다.

두드러기였다. 두드러기는 특히 스트레스를 받는 상황이 되면 어김없이 올라왔는데, P사에서 일할 당시 국장 회의만 하면 그때부터 두드러기가 올라오고 부풀어 올라 여간 곤욕스러운 게 아니었다. 두드러기가 올라오면 가렵고, 가려워서 긁으면 피가 나는 악순환이 반복됐다. 견디다 못해 두드러기 약을 먹으면 약에 취해서 잠이 들었다가 다음날이면 또 두드러기가 나고 어느 순간이 되면 사라지곤 했다.

원인 모를 두드러기가 생기기 전까지는 나름대로 건강 체질이라 자부하며 살았고, 딱히 아픈 데도 없었다. 다만 어릴 때 편식이 심했고 비위가 약해 남의 음식 잘 못 먹는 것 정도였다. 성격상 운동을 아주 싫어해서 운동과는 담을 쌓고 살았지만 딱히 문제가 되지 않는다고 생각했다. 다만 완벽주의 기질이 있었기 때문에, 심적으로는 스트레스가 많았다. 어떤 일이든 완벽하게 하려고 하고, 갈등하기보다는 나 자신을 남에게 맞추려고 하는 스타일이다 보니 마음이 힘든 날이 많았다.

심신을 치유할 새도 없이 보정속옷 에띠임을 만난 것은 참으로 우연의 일이었다. 보정속옷 자체에 대한 개념도 없었기 때문에 색안경을 끼고 있었는

콤플렉스가 많았던 과거   인생의 전성기를 맞다

    나는 젊은 시절부터 알러지가 심해 두드러기를 달고 살았다. 그 고통은 상상 이상이었는데 특히 면역력이 떨어지면 온 몸에 열이 오르면서 두드러기가 심하게 났다. 시간이 지나면 없어지겠지 여겼던 증상은 시간이 지나면서 가려움증은 더 심해져만 갔다. 미칠듯한 가려움은 스트레스로 이어지고 두드러기 때문에 병원을 다녀 보기도 했지만, 병원에서는 과민성 증상이라는 말만 할 뿐 뚜렷한 치료를 해주지는 않았다. 그래서 나름대로 침도 맞아 보고 한약도 먹어봤지만 헛수고였다. 특히 피부에 바로 닿는 속옷에 민감할 수밖에 없었다. 20대에 들어서면서 몸매를 날씬하게 보인다는 보정속옷은 아예 입어 볼 꿈도 못 꾸었고 보정속옷 자체에도 반대하는 사람이 되었다.

    나는 10년 동안 광주에서 영유아 및 초등 관련 책을 판매하는 P사 영업 사원으로 일했다. 친구가 3개월만 일해 달라고 해서 시작했던 일이 10년이라는 세월이 지나면서 국장직까지 맡게 되었다. 일은 재밌었지만 문제는 늘

두드러기 스트레스에서 벗어나
세상의 중심이 되다

오복례

잘 할 수 있을까' 하는 걱정과 고민이 많았지만 용기를 내서 시작한 결과 오늘 이 자리까지 올 수 있게 되었다. 에띠임에서 일하면서 사람 하나 키워내기가 하늘에 별 따기 보다 힘들다는 것을 몸소 체감하게 되었고 사실 초반에는 울기도 많이 울었다. 그러나 에띠임만의 탁월한 기능과 비전을 포기할 수는 없었다.

 그것은 내가 몸소 체험한 것이기에 더욱 값지고 소중하다. 한 번은 몸이 안 좋아 감기인 줄 알고 병원에 갔는데 6개월이 지나도록 증상이 호전되지 않고 심지어 안구가 돌출되는 증상까지 나타난 적이 있었다. 부랴부랴 병원에 가보니 '갑상선 항진증'이었다. 진단을 받기 전에 평소에 가슴이 벌렁벌렁하고, 손이 제대로 펼쳐지지 않거나 맥박이 빨리 뛰고 열이 나는 등의 증상이 있었던 터였다. 진단을 받고 3~4년간 꾸준히 약을 복용한 결과, 현재는 완치 판정을 받고 건강하게 지내고 있다. 의사들은 이 병에 완치가 없다고들 하는데, 나의 경우는 완치가 되어 아주 좋은 사례라며 놀라워하기도 했다. 이렇게 건강을 회복하는 과정에서도 나는 '내 몸을 위한 선물'이라고 생각하고 꾸준히 우리 에띠임 보정속옷을 착용해왔다. 지금은 나의 경험과 노하우를 살려 에띠임 속옷을 알리는 일을 하며 살고 있다. 또한 박명복 대표 디자이너 선생님이 걸어오신 40여 년간의 외길 인생과 보정속옷을 향한 열정을 보며 '나도 내 결정을 믿고 책임을 다해보자'는 일념으로 하루하루 이 길을 걷고 있다. 에띠임 보정속옷을 '입는 사람'으로 시작해서 이제는 '전파하는 사람'이 되기까지, 에띠임은 내 삶에서 아주 귀한 전환점이자 내 인생의 나침반이다.

"
박명복 대표 디자이너 선생님이 걸어오신 40여 년간의 외길 인생과 속옷을 향한 열정을 보며 '나도 내 선택을 믿고 책임을 다해보자'는 일념으로 하루하루 이 길을 걷고 있다. 에띠임은 내 인생의 나침반이다.
"

요한데, 자세가 잘못돼 뼈가 삐뚤어진다면 근육도 삐뚤어질 수밖에 없다. 이때 근육이 힘들지 않게 보조하는 것이 지방의 역할이다. 그래서 어느 정도 지방이 있어야 자세 교정에 유리하고, 오히려 뚱뚱한 사람보다 마른 사람이 바른 자세를 잡기가 더 어렵다는 것을 에띠임을 통해 알게 되었다. 에띠임 보정속옷은 인체의 자세를 연구하고 적용한 틀이 있기 때문에 장기간 착용 시 바른 자세로 만들어주는 장점이 있다. 소재와 디자인 그리고 기능 또한 다른 속옷과는 다르다. 그래서 에띠임 속옷을 자신의 몸 사이즈에 맞게 장기간 착용하다 보면 몸이 달라지는 것을 느낄 수 있다.

나는 50대 초반까지 k그룹에서 승승장구해 교육을 총책임지는 자리에까지 올랐다.

그러나 나이가 더 들수록 불안감이 몰려왔다. "과연 내 자리를 언제까지 지킬 수 있을까?" 쟁쟁한 후배들과의 경쟁도 날이 갈수록 피곤했다. 이런 고민을 하게 될 무렵 보정속옷을 입는 것을 넘어 직접 소개하고 판매하는 일에 내 인생을 걸어 보자는 결심을 하기에 이르렀다. 15년 동안 아이들을 가르치고 선생님을 양성하는 일을 해왔기 때문에 처음에는 '과연 내가 정책도 바뀌고 커리큘럼에도 대대적인 변화가 있어서 아이의 질문에 속 시원히 대답해 줄 수가 없어 답답하던 참이었다. 전 과목 학습지로 공부를 시킨 후로 엄마로서 좀 더 적극적으로 아이의 교육에 신경 써야겠다는 마음이 생겨 당시 학습지의 메카였던 K그룹 영업직 일을 시작하게 되었다. 집집마다 방문하면서 상담을 했는데, 그때 내 나이가 30대 중반쯤이었다. 일을 막 시작한 초창기에는 학부모들에게 교육 과정을 설명하는 것도 어려웠지만 점차 익숙해지면서 교육의 흐름을 익혀 능숙하게 일을 할 수 있게 되었다.

사회생활을 하면서 이전보다 건강해진 것은 너무 감사한 일이었지만, 마치 양날의 칼처럼 엉덩이와 배에 부쩍 나잇살이 붙었다. 그래서 그때부터 타 회사 보정속옷을 입기 시작했다. 그런데 내 체형에 딱 맞는 보정속옷을 찾기가 쉽지 않았다. 옷을 가져와도 만족스럽지가 못해서 오히려 작은 사이즈를 주문해서 입기 시작했다. 그런데 보정속옷 자체가 내 몸에 맞지 않으니 시간이 지나면서 몸이 구부려져서 급기야는 척추가 휘고 말았다. 십여 년간 척추가 휘는 줄도 모르고 보정속옷을 입어왔던 것이다. 그러다 40대 후반 무렵 몸이 이상하다는 느낌이 들었다. 그때 틱장애가 왔다. 척추가 휘면서 몸이 한쪽으로 기울기 시작했고, 휘어진 척추 때문에 견갑골이 무너졌다. 지인이 '자세가 왜 그러냐'고 지적해 준 후로 내 몸 상태를 직시하게 되었고, 그래서 그때부터 작은 사이즈의 보정속옷을 입지 않았다. 그때까지만 해도 내 인식 속에서 '보정속옷은 원래 불편한 것'이라는 생각이 보편적으로 자리 잡고 있었는데, 에띠임 보정속옷을 입고 나서 그 생각이 180도 달라졌다.

에띠임 보정속옷의 가장 큰 장점은 자세를 올바르게 바꿔준다는 점이다. 자세가 좋으려면 척추가 곧게 서있어야 하고 뼈와 뼈를 지탱하는 근육이 중

에띠임을 만나기 전

신바람 나는 인생으로 반전

"사람 구실이나 제대로 할 수 있으려나?"

어릴 때부터 워낙 몸이 약해 어른들은 날 보고 이런 소리를 늘 걱정 삼아 했었다. 어렸을 때부터 입이 짧아 밥도 잘 안 먹고 허약했던 터라 초등학교에 다닐 때는 조회 시간에 운동장에서 쓰러지기도 했다. 20대가 되어서도 계속 마른 체형을 유지했고, 삼시 세끼를 꼬박 챙겨 먹어도 다음 날 아침에 잠자리에서 일어날 때면 가끔 휘청거리면서 어지럼을 느끼곤 했다. 심한 저혈압 탓이었다.

그 후 결혼하고 출산을 하면서, 오히려 어릴 때보다 좀 더 건강해진 것이 다행이라면 다행일 것이다. 결혼 후엔 전업주부로 살다가 아이가 성장하면서 점차 교육에 관심을 가지게 되었다. 아이들이 사고력을 넓힐 수 있도록 독서 위주의 교육을 하다가 큰 아이가 초등학교 4학년, 작은 아이가 네 살 무렵 학습지를 시작했다. 큰 아이가 초등학교 3학년까지는 숙제를 하다가 모르는 걸 물어보면 막힘없이 가르쳐줄 수 있었는데 4학년이 되면서 교육

멋진 선택이 가져온 내 삶의 반전

고귀옥

기해하면서 에띠임 속옷에 관심을 가지고 구매하기 시작했다. 그 당시 에띠임은 속옷을 겉옷으로 입어도 될 정도로 디자인이 특이했는데, 옷이 특이하고 예쁘니 주변 사람들의 시선을 끄는 것은 어쩌면 당연한 일이었는지 모른다. 에띠임 속옷을 입고 겉옷을 입었을 때 옷 태가 확연히 달라지기 때문에 주변 사람들 중 몇몇은 에띠임을 '입으면 거짓말처럼 날씬해지는 옷'이라고 부르기도 했다.

에띠임을 통해 달라진 것은 또 있었다. 원래 골반이 크고 가슴이 빈약한 데다, 다리가 굵고 가슴이 처진 체형을 가지고 있었는데, 보정속옷을 꾸준히 착용한 후로 몸이 조금씩 달라지더니 지금은 거울을 봐도 내 스스로 만족스러울 만큼 몸매 라인과 가슴 모양이 잡히게 되었다는 것이다.

에띠임과의 인연이 지속되면서 현재는 센터도 리모델링하고, 한 달에 500만원 정도 적금을 넣을 수 있을 만큼 경제적으로도 안정을 찾았다. 처음에는 일하는 것을 반대하던 남편도 내 몸과 마음이 달라진 것을 보고는 센터 리모델링 비용까지 지원해 줄 정도로 호의적으로 바뀌었다. 몇 년 전의 일이다. 5년 중장기 계획을 짜면서 '5년 후에는 이 센터 건물 전 층을 다 사용하고 싶다'는 바람을 가지고 계획을 세웠다. 그 후 나뿐만 아니라 함께하는 팀원들도 잘 살 수 있게 하고 싶어 더 열심히 일했더니 몇 년 후 정말 건물 전체를 센터로 사용할 수 있게 되었고, 보람을 느끼며 더 즐겁게 일하고 있다. 전업주부에서 커리어 우먼으로, 안정지향적인 태도에서 열정적인 태도로 변한 지금의 내 모습에 세상 보는 눈도 인생도 달라졌다.

에띠임을 선택, 건물주가 되다(부산센터 전경)

들어가는구나, 내 삶을 이렇게 흘려보내기에는 너무 아깝다'는 생각을 하고 있었던 터라, 에띠임 일을 시작하기에 적기라고 느껴졌다.

하지만 남편은 원체 내가 일하는 것을 싫어했기 때문에 처음에는 일하는 것을 숨겼다. 큰돈을 벌기보다는 한 달에 50만원이라도 용돈벌이를 해보자는 생각으로 일을 시작했는데, 자발적으로 출근도 하고 열심을 내다보니 어느 정도 돈이 모이기 시작했다. 내 손으로 돈을 벌어본 지 꽤 오래되었던 터라, 처음에는 번 돈을 쓰진 못하고 전부 적금을 넣었다. 그렇게 1년 동안 조금씩 조금씩 적금을 넣어 모은 돈을 남편에게 주었더니 깜짝 놀라기에 내심 뿌듯했던 기억이 난다.

에띠임 일을 하면서 가장 눈에 띄게 달라진 것은 바로 나 자신이었다. 그때까지만 해도 스커트를 입은 적이 한 번도 없었는데 커리어 우먼처럼 몸에 딱 핏되는 상의와 스커트를 갖춰 입으니 주변 사람들이 내 낯선 모습에 신

바지만 입던 전업주부 시절

특별히 아픈 데는 없었지만 자궁 쪽이 좋지 않아 생리통과 생리불순이 심하고 냉도 많아서 산부인과를 자주 드나들었는데 총무의 말이 에띠임 팬티가 몸을 따뜻하게 보호해 줘서 자궁 질환에 도움이 된다기에 속는 셈 치고 입어보자 싶었던 것이다.

2007년, 그렇게 에띠임 속옷과의 첫 만남이 시작되었다. 입어보니 실제로 몸이 따뜻해지는 것을 느낄 수 있었고 한 달에 15일씩이나 이어지던 생리도 정상 주기를 되찾게 되었다. 생리불순이 사라지면서 생리통과 냉도 현저히 줄어들어서 에띠임 팬티의 기능을 신뢰하게 되었다.

직접 입어보고, 효과를 체감해 보니 다른 사람들에게 속옷을 소개하는 것도 어렵지 않았다. 주변 사람들에게 내가 경험한 것들을 이야기해 주고, 그들에게 '입어 보니 좋더라'는 피드백을 받으니 보람도 느껴졌다. 당시에는 아이들도 다 컸고 둘째까지 대학에 들어가게 되면서 불현듯 '이렇게 나이가

> 건물주의 꿈을 이룬 후, 함께 하는 에띠임 가족들도
> 모두 잘 살 수 있게 하고 싶어 더 열심히 일했더니
> 사놓은 건물 전체를 센터로 사용할 수 있게 되었고,
> 주차장도 드넓게 늘려 나갈 수 있었다.

  신나는 음악에 따라 에어로빅에 빠져 살던 전업주부 시절 가족을 돌보며 남편 사업 뒷바라지하며 사는 게 나름대로 행복했던 시절이었다. 그러나 아이들이 모두 등교하고, 남편이 출근하고 난 뒤에 찾아오는 적막감이 싫었다. 그러다가 다이나믹한 에어로빅에 매료되었던 것이다. 그때 시작한 에어로빅을 15년 동안이나 계속하면서, 에어로빅 회장직까지 맡게 되었을 정도였으니…

  20대 시절, 창원에서 직장 생활을 하면서 남편을 만나 사내연애 끝에 결혼을 하게 되었고, 결혼 후 30여 년간 살아오면서 특별한 우여곡절을 겪은 일도, 사회생활을 해야겠다는 생각도 해본 적이 없었다. 주부로 살면서 가족들을 챙기는 것이 좋았던 것이다. 오로지 에어로빅이 집에서 나가는 유일한 시간이었다. 그 당시 함께 활동했던 에어로빅 총무가 옷 가게를 운영하고 있었는데 어느 날인가 나에게 에띠임 속옷을 추천하는 것이었다. 그때는 '무슨 혈액순환도 안 되는 보정속옷을 입나' 싶었고 당시 옷 가격도 너무 비싸서 솔직히 '미쳤다'고 생각했다. 그런데 다소 부정적이었던 첫인상과는 달리, 얼마 가지 않아 나는 에띠임 팬티를 구입하게 되었다.

에어로빅 매니아에서 건물주 사업가로 인생 리모델링 하다

정채화

은 노벨상감이란 생각이 들 정도였다. 뿐만 아니라 그날그날 필요한 분위기와 상황에 따라 스타일링을 다르게 해서 쓸 수 있으니 머리 때문에 받는 스트레스가 확 줄었다. 에띠모 위그를 통해서 그동안 새치 때문에 속앓이하던 것 또한 완벽하게 해결되었다. 한 번은 장시간 비행기를 탈 일이 있었는데, 가발을 들고 갔다가 분무기로 물을 뿌린 후 툭툭 털어서 쓰니 금방 머리 감은 것처럼 깔끔하고 손질도 편해서 쾌적하게 비행을 마칠 수 있었다. 가끔 분위기 반전이 필요할 때는 파마도 가능하고, 성형 가발이라고 해도 될 정도로 볼륨과 입체감이 유지되어 오히려 내 머리보다 더 수월하게 스타일링이 가능하다.

늘 새벽기도를 갈 때마다 에띠모 위그를 착용하고 가는데, 오죽하면 사람들이

"어머, 아침마다 머리를 어떻게 이렇게 잘 만지고 와요?"하고 물어볼 정도였다. 아무도 가발이라는 것을 몰랐던 것이다. 나중에 몇몇 사람들에게 가발이라고 일러주었는데, 그때 깜짝 놀라던 사람들의 표정을 잊을 수가 없다.

벌써 가발을 쓴 지 6년이 되었다. 그동안 화학 제품을 쓰지 않으니 머릿결도 훨씬 좋아졌고 6개월에 한 번씩 미용실에 가서 20~30만원씩 투자하던 비용도 아낄 수 있을뿐더러, 두세 시간씩 미용실 의자에 가만히 앉아있지 않아도 되니 얼마나 좋은지 모른다. 나의 아침 루틴은 메이크업 5분, 머리 손질 1분이면 끝이다. 태풍이 와도 끄떡없는 에띠모 위그 덕분에 내 삶은 말할 수 없이 편해지고 에띠모 위그의 볼륨만큼이나 풍성해졌다.

> 척척 붙이기만 하면 되니까 세상에 정말 이런 가발은 노벨상 감이 아닌가! 태풍이 와도 끄떡없는 에띠모 위그 덕분에 내 삶은 말할 수없이 편해지고, 에띠모 위그의 볼륨만큼이나 풍성해졌다.

를까 온몸이 간지럽고 알러지가 생겨 곤욕을 치렀다. 그 후에는 흑채도 사용해봤다. 흑채를 뿌렸을 때는 땀이 흐르면 눈도 빨개지고 특유의 냄새가 심해져 한 번 쓰고 더 쓰지 못했다. 그래도 흰머리가 수두룩한 채로 다니고 싶진 않아서 다른 회사의 가발들을 서너 개 정도 더 착용해보았지만, 첫 가발과 마찬가지로 통풍이 잘되지 않았고, 누가 봐도 '가발 쓴 것'처럼 튀어서 견디다 못해 다 그만두었다. 그러다 수소문 끝에 만난 것이 에띠모 위그였다.

 에띠모 위그를 착용해보고 나서 가장 크게 체감되었던 부분은 가발 자체가 가볍고 통풍이 잘되어 가발 특유의 냄새가 나지 않는다는 것이었다. 또한 디자인적으로도 만족스러웠다. 여성의 헤어스타일에는 무엇보다 볼륨이 중요한데 에띠모 위그를 착용하게 되면 머리카락이 눌리지 않고 땀이 나도 통풍이 잘되니 금세 말라서 장시간 쾌적하게 착용할 수 있었다. 급하게 외출할 일이 있을 때도 샴푸 후에 그냥 물을 툭툭 털어 착용하면 금방 말라서 정말 편했다. 그것도 척척 붙이기만 하면 되니까 세상에 정말 이런 가발

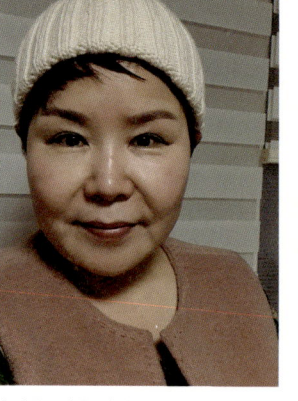 

흰머리를 감추었던 시절   에띠모 위그로 young again!

내 흰머리는 야속하게도 40대 초반부터 존재감을 드러내기 시작했다. 요즘은 갈변 샴푸나 다양한 형태의 염색약 등이 시중에 많이 나와 있어 흰머리가 생기더라도 염색하면 그만이라고 생각할 수 있다. 하지만 나는 염색을 하면 온몸에 두드러기가 나는 등 염색약에 유독 민감한 체질을 타고난 터라, 흰머리에 대한 고민이 깊었다. 여러 방법을 강구하다가 유일하게 헤나만 두드러기 반응이 없어 1년에 한 번 정도 헤나 염색을 하는 것이 나의 최선책이었다. 그런데 헤나 염색도 한 번 하려면 두세 시간은 잡고 해야 하니 여간 번거로운 게 아니었다. 고민 끝에 결국 나는 가발을 써보기로 결심하게 되었다.

처음에는 H 화장품사 가발을 사서 착용해보았다. 그런데 가발 자체가 무겁고 자연스럽게 착용되지 않아서 가발을 쓸 때마다 곤욕이었다. 결국 내 첫 가발은 두어 번 쓰다가 다른 사람에게 줘버리는 것으로 끝이 났다. 그때부터 나의 방황(?)이 다시 시작되었다. 파마 하면 볼륨감이 생기니 흰머리가 좀 덜 보이지 않을까 싶어 시도해봤지만, 파마하고 난 후에도 아니나 다

에띠모 위그, 국민 가발인 이유

유인숙

하면서 나는 사람들이 나를 통해 조금이나마 그들의 인생에 '도움'을 받을 수 있었으면 좋겠다는 바람을 품게 되었다.

그러려면 영업을 더 바르고, 깔끔하게 해야 한다고 스스로 다짐을 거듭했다. 그리고 실제로 그렇게 실천했다. 좋은 상품을 많은 이들에게 알려 구매로 이어지게끔 하는 것은 의미 있는 일이라는 생각이 들자 사람들을 한 명, 한 명 만날 때마다 더 즐겁게 일할 수 있게 되었다. 무엇보다 에띠임 속옷은 사람의 몸을 바르게 만드는 일이니만큼, 바르고 정직하게 일하기에 제격인 아이템이었다.

영업의 기본은 잘난 척하지 않는 것이다. 잘하면 잘할수록 더 겸손해야 한다. 내가 얼마를 버는 것보다 팀원들이 나를 만나 행복하고 조금 더 즐겁게 일할 수 있게 된다면 그보다 더 기쁜 일은 없을 것이다. 또한 내가 할 수 없는 일을 기어이 하려고 애쓰기보다는 내가 할 수 있는 일에 집중하다 보니 스트레스도 줄고 일에 대한 보람도 크게 느끼게 되었다.

대표 디자이너 선생님이 좋은 속옷을 만드는 것만큼 고객들이 에띠임 속옷을 '어떻게 느끼는지' 파악하는 것 또한 중요하다고 생각한다. 박명복 대표 디자이너 선생님의 철학대로 '내가 입는 속옷이 내 몸매를 만들고 내 인생까지 바꾼다'는 말씀을 삶의 슬로건으로 삼아 난 오늘도 고객의 인생까지 바꿔 주는 영업의 베테랑, 체형관리 전문가로 당당히 걸음을 내딛고 있다.

> *무엇보다 에띠엠 속옷은 사람의 몸을 바르게 만드는 옷이니만큼, 바르고 정직하게 일하기에 제격인 사업 아이템이었다. 그렇기에 잘 하면 잘 할수록 고객들을 겸손하게 섬겼다.*

사이즈도 잘 잴 수 있는데 난 왜 그만큼 실적을 내지 못하지?'라는 자책감과 투지가 동시에 들었던 것이다.

나는 그 후 더 열심히 활동하기 시작했다. 그런데 신기했던 것은, 구매를 더 부추기거나 내 언변이 더 화려해진 것도 아닌데 '가만히 있어도 속옷 재구매가 들어오는 것'이었다. 그런데도 나는 속옷에 관한 설명만 할 줄 알았지, 영업에는 도무지 자신이 없었다. 그때 나에게 문제가 있다는 것을 알았다. 영업이야말로 배움과 실전이 그 무엇보다 필요한 것이란 것을 깨달았다.

그 후 교육을 충실하게 찾아 듣고, 동료가 성장하는 모습을 보면서 자극받아 영업에 대해서도 조금씩 자신감을 가지게 되었다. 그러자 자발적으로 출근도 하게 되고 마인드에도 변화가 찾아오면서 이론적인 교육뿐만 아니라 현장을 통해서 익혀야 할 부분들이 더 많다는 것을 알게 되었다. 수동적인 종업원 마인드가 아니라 내가 주인이고, 내 것이라고 생각하니 자연스럽게 제품에 대한 자부심도 생기고 더 열심히 일할 수 있게 되었다. 또한 이 일을

2005년쯤 보정속옷 설명회에 참석하게 되었다. 그 당시 복잡한 상황으로 인해 일한 곳에서 임금 대신 화장품을 지급받게 되었는데 그 화장품을 혹시라도 팔 수 있을까 하는 기대로 설명회에 참석한 것이었다.

당시 설명회에서는 사람들이 많이 모인 자리에서 여러 사람을 대상으로 직접 옷을 입히며 기능과 디자인 등을 설명했는데 55사이즈 옷이 맞는 사람이 나밖에 없어서 얼떨결에 모델이 되었다. 신기한 것은 그때 입게 된 속옷이 집에 돌아온 후로도 계속 생각이 나는 것이었다. 결국 나는 일주일 만에 그 속옷을 내 발로 찾아서 구매하기에 이르렀다. 아울러 당시 1,000만원 상당의 내가 떠안은 화장품을 처리하지는 못했지만, 오히려 불티나게 보정속옷이 팔리는 걸 보고 '저 속옷의 매력이 뭘까? 나도 저 속옷을 판매해볼까?' 하는 생각을 불쑥하게 되었다.

바로 그 보정속옷이 에띠임이었다. 매사 철저한 계획대로 살던 내가 갑자기 늦게 낳은 아이를 친정엄마에게 맡기고 본격적으로 에띠임 일을 시작한다고 선언하자 집안에서는 모두 놀랐다.

하지만 워낙 철저한 성격에 완벽한 마무리를 하는 것을 아는 까닭에 말리는 가족도 없었다.

나는 그동안 화장품을 연결고리로 만난 사람들에게 하나둘 에띠임 보정속옷을 소개했다. 그러면서 영업이라는 일에 대해서도 달리 생각하게 되었다. 누군가에게 물건을 사라고 이야기하는 것이 성격상 여간 어려운 일이 아니었는데, 내가 판매하는 물건에 대한 자부심과 퀄리티에 대한 자신감이 있으니 영업 자체가 힘들지 않았다. 한 번은 교육을 듣던 중에 한 사례자가 나왔는데, 그 사람은 나이도 많고 스타일도 평범했지만 판매 실적이 좋아 크게 칭찬을 듣는 것이었다. 순간 오기가 발동했다. '나는 저 사람보다 젊고 신체

에띠임을 처음 만났을 때

바른 자세와 바른 삶으로 쌓아온 행복

똑부러진다 똑소리난다 똑순이…

내가 주로 어릴 때부터 귀 아프게 들어왔던 소리들이다. 성격대로 젊은 시절의 직업도 고향인 대전에서 은행원, 한 치의 오차나 거짓이 있으면 안 되는 게 성미와 딱 맞았다. 그 후 남편을 만나 결혼한 후 서울로 거처를 옮기게 되었다. 직장을 그만두고 비교적 늦은 나이에 첫 출산을 하다 보니 출산 후에는 만성 허리 통증을 달고 살았다. 그뿐만 아니라 원래 44사이즈였던 결혼 전 몸매와 달리 점차 뱃살이 늘어나 스트레스를 받던 중 보정속옷에 대해 알게 되었다. 사실 결혼 전에도 주변에서 자세 교정에 도움이 된다며 보정속옷을 권유 받아 거들을 구입해서 입어본 적이 있었는데, 엉덩이가 가렵고 숨 쉬는 것도 불편하게 느껴져서 그 후로는 보정속옷을 쳐다보지도 않았다. 그러다 출산 후 늘어난 뱃살 때문에 다시 보정속옷에 관심을 가지게 된 것이다. 하지만 까다로운 성격과 불편했던 기억 때문에 선뜻 구매로까지 이어지지는 않았다.

서울로 올라와 사회생활을 하지 못하고 육아하며 주부로 생활하던 중,

내 인생을 살게 한 바른 속옷

백남선

을 자주 듣곤 했었던 과거의 나, 그런데 에띠임 속옷을 꾸준히 착용한 후부터는 몸이 따뜻해지고 자세도 올곧아지면서, 컨디션이 좋아지는 것을 느끼고 있다. 이젠 내가 롤모델이 되어 많은 사람에게 에띠임의 열정과 동기부여를 전하고 있다. 사명감이 생기니 에띠임 속옷과 함께 건강을 지키기 위한 노력을 게을리하지 않는다. 매일 아침 걷기 운동을 할 뿐만 아니라 일요일마다 남편과 함께 등산하러 다니면서 꾸준히 운동하고 체중을 관리한 덕분에 건강도 좋아지고 가족들과의 관계도 더 돈독해진 것을 느낀다. 에띠임에서 선임수석장으로 일하면서 팀 관리가 뜻대로 안 되어 갑상선 항진증 진단을 받아 수술하기도 했다. 수술했을 당시 담당 의사는 재발률이 90%라고 했지만, 현재까지 재발하지 않고 건강을 유지하고 있다.

아울러 학원 운영할 때보다 부와 건강 성공, 3박자의 인생 황금기를 보내고 있다는 것을 고백한다. 에띠임을 통해 차근차근 쌓은 재산이 어느 새 30억!

그만큼 열심히 뛰었다는 자부심과 함께 평생직장 에띠임에서 건물주의 꿈까지 이루었다.

이 모든 것이 오로지 에띠임 속옷의 탁월함과 비전 덕분이기에 오늘도 나는 에띠임 바디슈트를 입고 출근을 한다.

> 부와 건강 그리고 성공을 이룬 내 인생의 황금기,
> 그만큼 열심히 뛰었다는 자부심과 함께 평생직장
> 에띠임에서 건물주의 꿈까지 이루었다.

두 번의 출산 그리고 늦은 나이에 셋째를 출산하는 바람에 몸의 회복 속도가 늦어 체형이 미워진 줄로만 알았는데, 에띠임 속옷이 몸을 깔끔하게 정리해주는 것을 느끼고 난 후부터 주변 사람들에게 에띠임을 소개하기 시작했다. 좋은 것은 널리 알리는 게 도리이니까! 에띠임을 추천 받아 입어본 지인들은 하나같이 긍정적인 반응을 보였고, 한 번 입어본 사람들의 반응은 자연스럽게 구매로 이어졌다.

그 무렵 학원을 장위동에서 목동으로 이전하면서 수입도 전과 같지 않았을뿐더러 투자한 돈에 비해 수입이 많지 않으니 학원 운영에도 흥미를 잃게 되었다. 남편이 경제활동을 하고 있었지만, 당시 내 수입보다는 월급이 적었고, 자녀들에게 윤택한 부모가 되고 싶은 마음에 학원을 접고 소규모 공부방을 열어볼까 고민하던 차였다. 하지만 공부방보다는 '내가 직접 경험한 것을 많은 사람에게 소개하면 좋겠다'는 마음이 점점 더 커지면서 그때부터 에띠임에 몸을 담게 된 것이다.

젊은 나이에 큰 질병을 앓고 수술을 하게 되면서 나는 평생 몸에 뚫린 여섯 개의 구멍을 지닌 채 살아야 했던 세월. 그 때문인지 수술 전과 달리 몸도 차고, 근육도 약해져서 주변 사람들로부터 '왜 이렇게 힘이 없냐'는 말

팥에 이상에 생겨 몸에 구멍을 6개나 뚫고 무려 8시간 동안의 대수술을 받았다. 당시는 셋째 아이를 낳은 후 약 8개월이 지났을 무렵이었다. 그 후로 내 몸에는 하루아침에 혹이 7개나 생겼고, 굉장한 통증에 시달렸다. 다행히 수술은 잘 되었지만, 그때 비장 쪽에 문제가 생겨 지금도 정기적으로 검사를 하며 건강 상태를 체크하고 있다.

내가 에띠임 보정속옷을 만나게 된 것은 39살에 수술하고 난 후였다. 갑작스럽게 큰 수술을 받고 나니 내 몸의 건강을 위해 무엇부터 챙겨야 할지 막막하기만 했다. 그즈음 평소 친분이 있던 K가 에띠임에서 지사장으로 근무하고 있었는데, 내 소식을 듣고 찾아와 에띠임 옷을 추천해주었다. 그때 나는 에띠임에 대해 전혀 몰랐다. 그런데 그날 처음 에띠임 옷을 입어보니 내가 왜 여태껏 이 브랜드를 모르고 살았나 싶은 정도로 몸의 변화가 느껴졌다. 큰 수술을 받은 후 힘이 없어서 늘 축 처져 있고 굽어 있던 허리가 받쳐지고 엉덩이가 올라가는 것이 몸으로 체감이 되었다.

에띠임을 처음 소개받고 3개월 정도 꾸준히 옷을 착용했다. 아침 출근길에 거의 속옷처럼 바디슈트를 착용하고, 잠잘 때만 벗었다. 그러던 어느 날 목욕탕에서 전신 거울에 비친 내 몸을 보게 됐는데, 거짓말처럼 몸의 라인이 싹 잡혀 있는 것이 보이는 것이 아닌가. 출산 후 한 번도 제대로 들여다보지 않았던 내 몸에 '라인'이 잡힌 걸 봤을 때 얼마나 기쁘던지! 원래 내 몸매는 H형이었는데, 바디슈트를 지속해서 착용하면서 굽었던 어깨가 펴지고 엉덩이가 올라가자 자연스럽게 몸에 숨어있던 라인이 드러나게 된 것이었다. 그때부터 '이 옷 진짜 신기하네!' 라는 생각을 하게 되었고, 이런 옷을 만드는 곳이라면 나도 일해보고 싶다는 생각에 용기를 내어 내 발로 직접 에띠임을 찾아갔다.

학원 운영 시절

에띠임으로 인생의 황금기를 맞다

 나는 스물다섯 살 무렵 광명에서 학원 강사 일을 시작한 후 2년 뒤인 스물일곱 살에 장위동에 학원을 개원했다. 그 후 18년 동안 중고등학생을 가르치는 수학 학원을 운영하며 선생님으로 일하면서 즐겁게 사회생활을 했다. 성격상 한번 시작한 일은 끝장을 보는 성격인지라 학원 수강생들에게 일일이 전화를 돌리고, 개별 상담을 하는 등 열과 성을 다해 학원을 운영했다. 한편, 학원을 운영하다 보면 유독 마음이 가서 더 잘해주고, 더 많이 가르쳐주고 싶은 아이들이 생기기 마련인데, 그런 아이들이 갑자기 학원 수강을 그만둬버리는 날이면 열정 어린 마음에 상처도 많이 받았다. 그럼에도 20대 후반에 시작한 학원은 점점 학생 수도 늘고, 학원 평판도 좋아지면서 승승장구 운영을 이어갈 수 있었다.

 당시에는 20대이다 보니 건강이나 자세 같은 것에 크게 관심이 없었다. 그런데 30대 후반이 되자 갑자기 몸에 이상이 생기기 시작했다. 39세에는 콩

부와 건강 그리고 성공을 이룬
내 인생의 황금기

김정자

표정도 늘 찡그리고 있는 자신을 발견할 수 있었다.

이럴 때 만난 옷이 바로 에띠임 보정속옷이었다.

지인의 소개로 우연히 시착을 하게 되었는데 보정속옷은 갑갑하고 불편하다는 선입견을 품고 있었던 터라 큰 기대를 하지 않고 입어 보았다.

그런데 에띠임 바디슈트를 입는 순간, 그야말로 내 몸에 신세계가 펼쳐졌다.

굽은 어깨로 인해 쳐져 있던 가슴이 가뿐하게 들어 올려지면서 허리는 누군가가 쏙 잡아 주는 느낌이 들었다. 마치 내 몸이 공중으로 가볍게 뜨는 체험을 한 것 같았다.

그때부터 벗어버릴 수 없었던 에띠임 보정속옷은 내 인생까지 새롭게 바꿔 놓았다.

꽃집을 과감히 닫고 에띠임에 올인하면서 나는 꽃집 자영업자가 아니라 조직을 경영하는 마인드를 갖추게 되었고, 수많은 여성과 함께 바른 체형과 건강한 노후를 설계하는 일에 온 정성을 다했다.

특히 존경하는 박명복 대표 디자이너 선생님의 속옷에 대한 철학과 신념 그리고 시대를 앞서가는 디자인에 매료되어 속옷으로 사람을 살린다는 사명감을 갖게 되었다.

꽃을 들고 집집마다 찾아다니며 전도하던 내가 이젠 속옷으로 하느님의 축복을 전하는 꿈을 이룬 것이다.

고희를 넘어 에띠임의 리더로 최고의 환대를 받고 있는 나 자신에게 오늘도 스스로 다독인다.

'바른 자세로 섬기는 삶처럼 아름다운 것은 없다' 라고...

> 존경하는 박명복 대표 디자이너
> 선생님의 속옷에 대한 철학과 신념
> 그리고 시대를 앞서가는 디자인에 매료되어 속옷으로
> 사람을 살린다는 사명감을 갖게 되었다.

그때부터 새로 이사 온 집을 찾아다니며 꽃 선물로 전도했다. 말 그대로 전도의 꽃이 활짝 피어나는 나날들이었다.

그러는 사이 솜씨가 좋았는지 내 꽃 작품을 찾는 사람들이 늘어났고 아예 꽃집을 차리기에 이르렀다. 꽃집도 입소문이 나서 손님이 끊이지 않았다. 그런데 생각과 달리 꽃집 노동이 만만치 않았다. 고왔던 손이 거친 손으로 변하기 시작하더니 손목이 안 좋아지기 시작했다.

가게 바닥에 풀어 놓은 꽃들을 한 송이 한 송이 다치지 않게 손질하고 화분을 이리저리 옮기며 분갈이해주다 보면 허리까지 저려 온다. 무엇 보다 가장 중노동은 꽃시장에 갔을 때이다. 화분은 흙 무게 때문에 허리가 휘청거릴 정도이고 꽃 무게는 생각보다 무거워 낑낑거리며 가게로 돌아오는 일의 반복이었다.

이렇게 7년 꽃집을 운영하는 동안 내 몸은 완전히 변해 버렸다.

허리는 구부정하고 어깨는 앞으로 굽었고 가늘었던 팔목은 무쇠팔처럼 바뀌어져있었다. 아가씨 때는 나름 멋쟁이 소리를 들었는데 거울 속의 나는 펑퍼짐하고 틀어진 중년 여인의 모습이었다. 게다가 따라다니는 통증으로

꿈 많았던 20대

꿈을 이룬 최고의 리더

" 꽃집의 아가씨는 예뻐요~ 그렇게 예쁠 수가 없어요~ "
1960년대 히트했던 노래 가사이다.
　세상에서 꽃을 싫어하는 사람들은 없다.
　향기롭고 이쁜 꽃들을 보면 기분이 좋아지고 꽃집 앞을 지날 때면 누구나 고개를 가게 안까지 깊숙이 들이밀며 계절에 맞는 꽃들에 시선을 고정하기 마련이다. 많은 여성들이 꽃집을 차리고 싶어 하는 것도 이 때문이리라.
　나는 꽃을 좋아하기도 했지만, 꽃으로 전도하겠다는 독특한 생각이 있었다.
　중매로 늦게 만나 결혼한 남편은 성실한 교육자로 교감까지 승진했고, 난 더 바랄 게 없는 교감 사모님이었다. 그래도 틈틈이 결혼 전 의상실에서 옷을 디자인할 때 쌓은 미적 감각을 살려 아트 플라워에 도전, 자격증을 땄고

꿈을 이루고 최고가 되다

허명회

세월에 맞서지 않고 오래도록 건강하고 눈이 부시게,
몸과 맘, 삶이 더 행복하고 건강한 나날들을 향하여
더 멀리 끝까지 함께 가는 에띠임 가족들...
바로 우리의 그 길이 축복의 통로입니다

따뜻한 동행. 에띠임의 진정한 리더들

THE바른체형을 만드는 사람들의 이야기

Contents

꿈을 이루고 최고가 되다 – 허명회 · 12

부와 건강 그리고 성공을 이룬 내 인생의 황금기 – 김정자 · 16

내 인생을 살게 한 바른 속옷 – 백남선 · 21

에띠모 위그, 국민 가발인 이유 – 유인숙 · 26

에어로빅 매니아에서 건물주 사업가로 인생 리모델링 하다 – 정채화 · 30

멋진 선택이 가져온 내 삶의 반전 – 고귀옥 · 35

두드러기 스트레스에서 벗어나 세상의 중심이 되다 – 오복례 · 40

손뜨개 달인, 새로운 인생 터닝 포인트를 만나다 – 지효순 · 48

유방암을 이겨낸 놀라운 기적 – 이연분 · 52

평범한 커리어 우먼에서 체형 관리 전문가로 변신 – 오수미 · 56

폭식증에서 벗어나 자기관리를 시작하다 – 전미선 · 60

가족력을 이겨낸 인생 승리 – 송효선 · 63

introduction 01

　나는 행복과 꿈에 대한 기준이 모호할 때, 어떤 삶을 살아야 할지 흔들릴 때 주름이 자글자글했던 60대 오드리 헵번을 떠올린다. 그리곤 선한 영향력의 오드리 헵번처럼 나이 들고 싶다는 꿈을 구체적으로 디자인한다.

　이 책에 소개되는 분들 또한 이런 꿈을 갖고 매일 매일을 채우며 나누는 분들이라는 것을 확신한다. 왜냐하면 쓰러진 이들을 일으켜 세워주고 아픈 이들을 다독이며 성공의 길을 동행해온 에띠임 가족들의 역사가 이 책 속에 귀하디 귀하게 새겨져 있기 때문이다.

　몸매와 내면의 아름다움을 동시에 갖추기까지, 가슴 뛰는 삶을 살아온 책 속의 주인공들에게 있는 힘껏 뜨거운 박수를 보낸다. 아울러 '박명복처럼' 늘 새로운 꿈에 끊임없이 도전하길 바라면서...

　　　　　　　　　　　　　　　　　　　　　　　　　　　　박명복

"성공하고 싶은가요?"

천상의 미모와 독보적인 스타일로 그녀 자체가 세기의 브랜드인 오드리 헵번.

'헵번 스타일'이란 용어가 있을 정도로 배우 오드리 헵번은 영화 '로마의 휴일'에서 숏커트로 변신, 헵번 스타일을 만들어 내며 시대의 아이콘이 되었다.

그러나 오드리 헵번을 역사상 가장 아름다운 여배우로 칭송하는 데는 다른 이유가 있다.

바로 자신의 재능과 명예를 더 큰 선한 영향력으로 돌려주었기 때문이다.

그녀는 빈곤과 굶주림에 시달리는 아이들을 위해 오지든, 전장이든, 유행병이 창궐하는 지역 어디든 찾아가서 정말 열정적으로 구호 활동에 임해 인생 자체를 아름답게 마무리했다.

THE바른체형을 만드는 사람들의 이야기
'박명복처럼'

THE바른체형을 만드는 사람들의 이야기 박명복처럼

펴낸날 / 2022년 9월 8일 **지은이** / 박명복 **펴낸이** / (사) 한국기능성의류 및 체형관리협회
펴낸곳 / THE바른체형연구소 **주소** / 서울시 강서구 공항대로 58길 10 5층 **전화번호** / 02-2088-4773
copyright ⓒ THE바른체형연구소

· 이 책은 저작권법에 따라 보호받는 저작물이므로 책의 내용을 무단으로 인용하거나 발췌를 금지하며, 이 책의 내용 중 전부 또는 일부를 이용하려면 도서출판 THE바른체형연구소의 서면동의를 받아야 합니다.
· 잘못된 책은 서점에서 바꾸어 드립니다.

THE바른체형을 만드는 사람들의 이야기